***ACCESO GRATIS** a la Lectura en la Nube*

Para visualizar el libro electrónico en la nube de lectura envíe junto a su nombre y apellidos una fotografía del código de barras situado en la contraportada del libro y otra del ticket de compra a la dirección:

ebooktirant@tirant.com

En un máximo de 72 horas laborales le enviaremos el código de acceso con sus instrucciones.

GEOPOLÍTICA DEL CIBERESPACIO

Ciberinteligencia y Cibercriminología en la Sociedad Digital

Procedimiento de selección de originales, ver página web:
www.tirant.net/index.php/editorial/procedimiento-de-seleccion-de-originales

GEOPOLÍTICA DEL CIBERESPACIO

Ciberinteligencia y Cibercriminología en la Sociedad Digital

ABEL GONZÁLEZ GARCÍA

José Lominchar Jiménez

tirant lo blanch
Valencia, 2025

En caso de erratas y actualizaciones, la Editorial Tirant lo Blanch publicará la pertinente corrección en la página web www.tirant.com.

Director de la Colección:
JOSÉ LUIS GONZÁLEZ CUSSAC
Universidad de Valencia

© TIRANT LO BLANCH
EDITA: TIRANT LO BLANCH
C/ Artes Gráficas, 14 - 46010 - Valencia
TELFS.: 96/361 00 48 - 50
FAX: 96/369 41 51
Email: tlb@tirant.com
www.tirant.com
Librería virtual: www.tirant.es
DEPÓSITO LEGAL: V-2923-2025
ISBN: 979-13-7010-541-9
MAQUETA: Tink Factoría de Color

Si tiene alguna queja o sugerencia, envíenos un mail a: *atencioncliente@tirant.com*. En caso de no ser atendida su sugerencia, por favor, lea en *www.tirant.net/ index.php/empresa/politicas-de-empresa* nuestro procedimiento de quejas.

Responsabilidad Social Corporativa: http://www.tirant.net/Docs/RSCTirant.pdf

Dedicatoria (José Lominchar Jiménez):

A mi estimado amigo el Dr. Abel González,
por su extraordinaria calidad humana y profesional,
sin su conocimiento no sería posible esta obra.

Dedicatoria (Abel González García):

Al Dr. José Lominchar, director de esta colección, por sus esfuerzos para el reconocimiento de la Criminología, por su amistad y apoyo incondicional en un momento económico global complicado.

A mi familia, Vanesa, Nerea y Hugo, porque sin ellos hubiera acabado esta obra un año antes… o, si ellos no existieran, nunca la habría acabado.

Índice

Síntesis de la obra 13

Introducción 19

Capítulo 1. Geopolítica del ciberespacio 29

Introducción a la Geopolítica del Ciberespacio 29
Geopolítica clásica y su aplicación al ciberespacio 33
Teoría del Poder y del Ciberpoder. Gobernanza del ciberespacio 41

Capítulo 2. Las relaciones entre los Imperios Tecnológicos y los actores Estado ("Imperios Digitales") 49

La nueva geopolítica del poder digital 50
Tensiones y colaboraciones entre Estados e Imperios tecnológicos 60
Economía digital y la influencia política de los Imperios tecnológicos 63
Gobernanza global y resistencia: alternativas frente al poder digital 79

Capítulo 3. El mundo en conflicto: la ciberguerra 83

El ciberespacio como dominio geopolítico 83
Estrategias de ciberdefensa 84
Doctrina en la ciberguerra: de la disuasión a la ofensiva activa 88
Las Ciberarmas 91
Regulación internacional del conflicto cibernético 95
El futuro del conflicto en el ciberespacio: escenarios y tendencias 98

Capítulo 4. Más allá de la ciberguerra: las Ciberamenazas Globales 103

Ataques a infraestructuras críticas 105
Ransomware y ciberdelincuencia organizada 109
Espionaje cibernético 112
Ciberinfluencia como arma geopolítica 115
Ciberterrorismo y radicalización online 118
Actores en el ecosistema de las ciberamenazas 121
Análisis de casos paradigmáticos 124

Stuxnet: el precedente del sabotaje digital estatal 125
Shamoon: ciberataque terrorista 126
NotPetya: guerra híbrida y colapso global de sistemas 127
Wannacry: más guerra híbrida 128
Conti vs. Costa Rica: ransomware como arma de colapso estatal ... 129
Colonial Piopeline: ataque a infraestructuras críticas 130
SolarWinds: vulnerabilidad en el mundo hiperconectado. Ataque a las cadenas de suministro 131
Mirai: el poder del IoT 132
MOAB: datos para perpetrar otros ciberdelitos 133
Impactos de las ciberamenazas 135
Estrategias de respuesta y mitigación 138

Capítulo 5. La Ciberdiplomacia Global 143

Perspectivas realistas y neorrealistas: política de poder en la ciberdiplomacia 144
Perspectivas liberales e institucionalistas: cooperación, normas y gobernanza 147
Enfoques constructivistas: identidad, percepción y normas cibernéticas 150
Teorías críticas: análisis de la ciberdiplomacia desde estructuras de poder y hegemonía 154
Hitos en la evolución de la ciberdiplomacia 157
Actores emergentes en la ciberdiplomacia 160
Normas cibernéticas, gobernanza y Derecho Internacional 163
Retos actuales en la ciberdiplomacia 169

Conclusiones y perspectivas de futuro 173

El futuro global a través de los ojos de la geopolítica 173
La era de la cibergeopolítica armada 175
Ciberdiplomacia futura 178
Bonus track. Análisis prospectivo: futuros posibles del conflicto en el ciberespacio 182

Bibliografía 203

Síntesis de la obra

La evolución del ciberespacio ha transformado radicalmente las relaciones internacionales, las estructuras de poder y la seguridad global. Este trabajo explora las complejidades de la ciberinteligencia y la cibercriminología en un contexto internacional, analizando la interacción entre actores estatales, no estatales y corporativos en la nueva arena del ciberespacio. Al ser una herramienta tanto de desarrollo como de amenaza, el ciberespacio redefine las fronteras tradicionales y exige un análisis multidisciplinar que incluya la geopolítica, la defensa, la diplomacia y el cibercrimen organizado. Esta obra busca ofrecer una perspectiva integral y contemporánea de los desafíos y oportunidades en el ciberespacio global. Este libro ofrece las claves para participar de ese debate con fundamentos sólidos, con marcos teóricos actualizados, con estudios de caso relevantes y con una visión que combina rigor académico con conciencia ética. En tiempos de incertidumbre digital, esta labor de reflexión es una brújula para navegar el presente y pensar el futuro volátil, incierto, complejo y ambiguo.

Capítulo 1. La Geopolítica del ciberespacio

La geopolítica del ciberespacio representa una extensión de las relaciones de poder en un territorio sin fronteras físicas, donde el control de la información y la tecnología se convierten en activos estratégicos. Este capítulo examina cómo las naciones han adaptado sus estrategias para competir en un dominio que es tanto global como intangible. Se exploran las tensiones entre las principales potencias tecnológicas, el papel de los bloques regionales y la influencia de las corporaciones transnacionales como actores políticos clave. También se discuten los dilemas éticos y legales que surgen de esta nueva configuración global. En definitiva, sirve de marco teórico para el análisis que se presenta en los capítulos siguientes.

Capítulo 2. Las relaciones entre los Imperios Tecnológicos y los actores Estado ("Imperios Digitales")

En el siglo XXI, las grandes corporaciones tecnológicas, conocidas como "Imperios Tecnológicos", han emergido como actores con un poder comparable al de muchos Estados. Este capítulo examina las relaciones entre estos gigantes tecnológicos y los gobiernos, analizando las tensiones y colaboraciones que surgen en áreas clave como la regulación, la seguridad nacional y el control de los datos.

Los "Imperios Digitales", que se analizarán siguiendo a Bradford, son EEUU (enfocado a lo comercial), China (enfocado a la defensa del Estado) y la UE (enfocada a la regulación). También se expondrán las relaciones de otros Estados como son Rusia o Corea del Norte, como actores estatales tecnológicos de cierta importancia por sus intentos de desestabilización. Y con otros Estados, por ejemplo, la India, como emergentes tecnológico. De esta manera se profundiza en la nueva configuración del orden global a través de la influencia en el ciberespacio.

También se analiza cómo las empresas tecnológicas, denominadas aquí "Imperios Tecnológicos", como Meta, Google, Amazon y otras (también actualmente proveedoras de IA generativa), influyen en las políticas estatales a través de la economía digital y el poder de los datos. Asimismo, se exploran los casos en los que los Estados han establecido alianzas o conflictos con estas corporaciones, incluyendo situaciones de censura, soberanía digital y protección de infraestructuras críticas.

Finalmente, se discutirán las iniciativas multilaterales que buscan equilibrar el poder entre Estados y corporaciones tecnológicas, promoviendo una gobernanza global del ciberespacio que respete los principios de soberanía y derechos humanos.

Capítulo 3. El mundo en conflicto: la ciberguerra

Los Estados han identificado el ciberespacio como un dominio crítico para su seguridad y soberanía. Este capítulo analiza las estrategias de ciberdefensa implementadas por diferentes países y las doctrinas que definen la ciberguerra moderna. Se abordan casos emblemáticos de conflictos cibernéticos, como los ataques a infraestructuras críticas y el uso de malware con objetivos militares geopolíticos. Además, se evalúa la evolución de los marcos legales internacionales y los retos que plantean para la regulación de la actividad estatal en el ciberespacio.

Los ciberejércitos y las ciberarmas constituyen herramientas fundamentales en los arsenales modernos. Este capítulo describe las capacidades y la organización de los ciberejércitos estatales, así como las operaciones que han llevado a cabo en el ciberespacio. También se analizan las ciber-armas, incluyendo su desarrollo, clasificación y efectos potenciales. Se presta especial atención a la proliferación de armas cibernéticas en manos de actores no estatales y las implicaciones para la seguridad global.

Por último, se analizan los escenarios y tendencias a través de las lecciones aprendidas de la ciberguerra Ruso-Ucrania actual. También se introduce el análisis de escenarios prospectivos en el que el conflicto cibernético es la clave para entender las tensiones entre diferentes Estados (y bloques) en la configuración geopolítica del ciberespacio en el futuro.

Capítulo 4. Más allá de la ciberguerra: las otras ciberamenazas globales

Las ciberamenazas globales abarcan un amplio espectro de actividades maliciosas, desde ataques de ransomware hasta el ciberterrorismo y el espionaje cibernético. Este capítulo examina las principales amenazas en el ciberespacio, identificando sus patrones, objetivos y actores responsables. Se analizan también las consecuencias económicas, políticas y sociales de estas amenazas, así como las estrategias de mitigación adoptadas por los gobiernos y las organizaciones internacionales.

En este sentido se trata de diferenciar de las acciones de ciberguerra, aunque en multitud de casos estas ciberamenazas forman parte de los conflictos híbridos en los que nos hallamos (incluida la guerra comercial). En concreto se profundiza en el análisis de los ataques a infraestructuras críticas, el papel de la ciberdelincuencia organizada (incluido el patrocinio de grupos estilo mafioso por Estados), el espionaje cibernético (auténtico híbrido de doble uso criminal y militar), la ciberinfluencia como arma geopolítica (con el estudio de la injerencia rusa en occidente en los últimos años). Por último se analizan los actores no estatales en el ecosistema de las amenazas y así se diferencian de las acciones puras de los Estados.

Capítulo 5. La ciberdiplomacia global

La ciberdiplomacia ha emergido como una disciplina clave para abordar los desafíos y oportunidades del ciberespacio. Este capítulo analiza los esfuerzos diplomáticos realizados por organizaciones internacionales como la Unión Europea, las Naciones Unidas y UNASUR para establecer normas, fomentar la cooperación y prevenir conflictos en el ciberespacio. Se evalúan también los avances y limitaciones en la creación de un marco regulador global para la seguridad cibernética.

En primer lugar, se expone el marco teórico para la ciberdiplomacia de futuro. Se analizan las vertientes realista y neorrealista, liberal e institucionalista, constructivista y crítica. Se estudiarán los aportes de cada una de las vertientes para conocer la situación actual de la ciberdiplomacia global.

Por último, se debate sobre los retos actuales de la ciberdiplomacia, estos se concretan en los problemas de soberanía digital, la dificultad de atribución de ciberataques y el desafío estructural para establecer un marco de normas claras por la creciente militarización del ciberespacio.

Conclusiones y reflexiones sobre el futuro

En el futuro cercano, el ciberespacio continuará redefiniendo las relaciones internacionales y los conceptos de seguridad. Las alianzas estratégicas, el desarrollo de tecnologías emergentes y la regulación internacional serán factores determinantes en la configuración de este nuevo orden. En las conclusiones, se presentan recomendaciones para la construcción de una gobernanza global inclusiva, resiliente y ética del ciberespacio, con un énfasis en la colaboración multilateral y la innovación responsable.

Se analizará este futuro a través del conocimiento acumulado en los capítulos anteriores en tres grandes bloques: el futuro global a través de los ojos de la geopolítica, la era de la cibergeopolítica armada y la ciberdiplomacia futura. En todos los casos se aportan aspectos para la reflexión de "hacia dónde" van las relaciones de los "Imperios Digitales" y los "Imperios Tecnológicos" y cómo están configurando, y lo seguirán haciendo, el nuevo orden geopolítico global.

Por último, se añade un análisis prospectivo a través de la técnica de escenarios con tres posibles vertientes (y sus probabilidades): fragmentación armada, cooperación funcional y gobernanza compartida. En este sentido, la evidencia empírica analizada y las tendencias actuales sugieren que la cooperación funcional es el escenario más probable en el horizonte de 5 años, aunque la fragmentación armada sigue siendo una amenaza latente y plausible (nunca podemos acertar en un mundo volátil, incierto, complejo y ambiguo lo que sucederá en el futuro cercano por la gran cantidad de variables que habría que analizar). Pero, en definitiva, la consolidación de una gobernanza global inclusiva requerirá superar obstáculos sustanciales y fortalecer la cooperación multilateral.

Introducción

> **Neuromancer:**
> *"Un año aquí y él aún soñaba sobre el ciberespacio, esperando un desvanecimiento nocturno. Toda la prisa que él tuvo, todos los turnos que él había tomado y las esquinas que ha acortado en la Ciudad de la Noche, y aun así él veía el matrix en sus sueños, brillantes redes lógicas desplegándose a través de aquel vacío incoloro...".*
>
> Gibson, W. (1984: 2).

En el umbral de la tercera década del siglo XXI, el ciberespacio se ha constituido como una de las dimensiones más transformadoras y estratégicas de las relaciones internacionales. Lejos de ser un mero entorno técnico o una extensión secundaria de las interacciones humanas, el ciberespacio se revela como una arena de poder, de conflicto, de cooperación, pero también de innovación y criminalidad. Actualmente el mundo se encuentra en una encrucijada histórica en la que las lógicas clásicas de poder territorial se entrelazan con formas emergentes de influencia y control digital. El objetivo central es ofrecer una interpretación multidisciplinaria, rigurosa y geoestratégicamente informada sobre el impacto del ciberespacio en la seguridad global, la soberanía estatal, las relaciones de poder y cooperación (entre los propios Estados, pero también entre los "Imperios Digitales" y los "Imperios Tecnológicos") y la diplomacia internacional.

Desde la geopolítica tradicional hasta las teorías críticas de las relaciones internacionales, pasando por los enfoques de la gobernanza digital, se despliega así un análisis integral sobre cómo los actores estatales y no estatales configuran, disputan y gobiernan un entorno virtual con efectos tangibles en la realidad política, económica y cultural global. Se ha dividido este libro en diferentes apartados dedicados al análisis de la geopolítica del ciberespacio, los imperios digitales y los imperios tecnológicos, las dinámicas de la ciberguerra, las ciberamenazas transnacionales y la emergencia de la ciberdiplomacia. Por lo que se propone una arquitectura conceptual y empírica que articula la ciberinteligencia como instrumento estratégico, y la cibercriminología como campo crítico de análisis y prevención.

En un mundo crecientemente interconectado, las estructuras de poder ya no se explican únicamente por el control de los territorios físicos, los recursos naturales o las capacidades militares convencionales. El poder se ha desplazado hacia aquellos que controlan la infraestructura digital, los flujos de datos, las plataformas de interacción social, y, en definitiva, los nodos neurálgicos de la nueva soberanía de la tecnología, de los datos (Nye, 2021). Este desplazamiento implica una revisión profunda de los conceptos tradicionales de hegemonía, disuasión, seguridad y gobernanza.

Tal como se analiza en los primeros capítulos, el enfoque clásico de la geopolítica —construido por autores como Mackinder, Mahan o Ratzel— es reinterpretado para aplicar sus premisas al entorno digital. El control del heartland cibernético, la delimitación simbólica de fronteras digitales, y la lucha por los recursos tecnológicos como el big data o las redes de cableado submarino, configuran un nuevo escenario en el que las potencias se enfrentan, no ya por tierra o mar, sino por el acceso y el dominio de la infraestructura lógica de la realidad.

En este sentido, se propone el concepto de "ciberpoder" como una forma híbrida de poder blando y duro que se manifiesta en ataques cibernéticos, campañas de desinformación, operaciones psicológicas y espionaje masivo, pero también en estándares tecnológicos, normas de privacidad y modelos regulatorios. El ciberpoder opera bajo lógicas descentralizadas, se expresa en tiempos asimétricos y permite tanto a grandes potencias como a actores periféricos (e incluso criminales) disputar su lugar en el orden internacional.

El principal objetivo de esta obra no es simplemente describir las dinámicas actuales del ciberespacio, sino analizarlas críticamente desde un enfoque que integre disciplinas tradicionalmente separadas: la criminología, las relaciones internacionales, la ciencia política, el derecho, la sociología digital y los estudios de seguridad. Esta confluencia no es fortuita ni decorativa; responde a la convicción de que los fenómenos cibernéticos desafían las categorías clásicas de análisis y exigen nuevas herramientas conceptuales que permitan pensar lo digital desde su radical complejidad.

La ciberinteligencia, entendida aquí como la aplicación sistemática del análisis de información en el entorno digital con fines de defensa, prevención y anticipación, se sitúa como un eje fundamental. Pero este concepto es ampliado más allá de su dimensión técnica o militar: se aborda como una práctica estratégica de lectura del entorno digital que sirve tanto a fines estatales como corporativos, con impactos directos en la seguridad, la política exterior y la defensa de derechos fundamentales (Riordan, 2018).

Por otra parte, la cibercriminología se desarrolla como un campo en expansión que estudia las nuevas formas de criminalidad digital, pero también como una herramienta crítica para entender cómo el crimen se redefine en un espacio donde las fronteras nacionales, las identidades y los marcos jurídicos son profundamente inestables (Wall, 2007). El ciberdelito no es solo una evolución del delito tradicional, sino una mutación que opera bajo lógicas nuevas: anonimato, descentralización, velocidad y ubicuidad. En este marco se incorpora no solo la perspectiva criminológica tradicional (centrada en la conducta delictiva y su represión), sino también las aproximaciones críticas que cuestionan las formas en que el discurso de la "ciberdelincuencia" puede ser instrumentalizado para justificar prácticas de vigilancia masiva, control social y restricciones a la libertad.

Desde el punto de vista metodológico, el libro adopta una lógica descriptiva, alternando entre el análisis de casos concretos (como los ataques a Estonia, el caso Stuxnet, o la injerencia rusa en procesos electorales occidentales) y la construcción teórica de nuevas categorías analíticas. Esta alternancia permite anclar los desarrollos conceptuales en fenómenos empíricos, y evitar tanto el riesgo del empirismo sin teoría como el de la abstracción sin contacto con la realidad. Se sigue un modelo lógico-epistemológico que fundamenta el trabajo científico en estudios de tipo exploratorio o descriptivo, donde el objetivo principal es observar, registrar, clasificar y analizar características de fenómenos sin alterar su curso natural (Hernández Sampieri, Fernández Collado & Baptista Lucio, 2014).

También se presenta un análisis prospectivo utilizando la técnica de escenarios prospectivos para tratar de predecir un solo futuro. Esta técnica desarrolla múltiples narrativas coherentes y plausibles sobre cómo podría evolucionar una situación o conjunto de condiciones en el tiempo. Para ello se han seguido las siguientes fases: primero la definición del objeto de estudio y horizonte temporal (¿Cómo van a evolucionar los ciberconflictos? ¿cómo van a evolucionar las relaciones de los "Imperios Digitales" y los "Imperios Tecnológicos para configurar el nuevo orden mundial? ¿A 5-10 años? En segundo lugar, se realiza el análisis del entorno y tendencias (con la recolección de datos sobre variables políticas, tecnológicas, económicas, sociales y ambientales que se realiza a lo largo de todos los capítulos del libro). En tercer lugar, se realiza la identificación de incertidumbres críticas, es decir, determinar factores que más afectarán el futuro y que son difíciles de predecir. En cuarto lugar se construyen los ejes de incertidumbre (se crea una matriz con variables clave para generar diferentes combinaciones plausibles). En quinto lugar se desarrollan los escenarios (se crean tres narrativas que describen futuros alternativos con consistencia interna). En sexto lugar, se analizan las implicaciones y estrategias dando respuesta a las preguntas de ¿qué significa cada escenario? ¿qué se debe hacer para estar preparados? Schwartz (1991).

Por último, en cuanto a las consideraciones metodológicas, y como no podía ser de otro modo, se han incorporado mejoras a través del uso de la IA. En concreto se ha utilizado Elicit para la revisión de la bibliografía relevante en el campo, Perplexity para la primera revisión de la estrategia de búsqueda de bibliografía, NotebookLM para los resúmenes y organización de la bibliografía, ChatGPT y Copilot para la revisión del texto y la búsqueda de errores e incoherencias en el mismo.

Este libro está estructurado como una travesía intelectual que parte de la geopolítica clásica para desembocar en los desafíos emergentes de la ciberdiplomacia global y con un punto final a través de una propuesta de escenarios futuros (bonus track de la obra). Cada capítulo ha sido concebido no como una pieza aislada, sino como un eslabón dentro de una cadena de razonamiento que permite comprender cómo el ciberespacio está redefiniendo las categorías fundamentales de poder, conflicto y cooperación internacional. Se presenta a continuación un resumen de cada uno de los capítulos y de las ideas clave en cada uno de ellos:

El primer capítulo sienta las bases teóricas fundamentales. Se propone una lectura del ciberespacio como territorio geopolítico en sí mismo, y no como una mera extensión del mundo físico. Para ello, se rescatan categorías clásicas —como las de Mackinder, Mahan o Ratzel— y se adaptan al nuevo entorno digital, exponiendo nociones como heartland cibernético, infraestructuras estratégicas o soberanía digital. Asimismo, se describen tres capas analíticas del ciberespacio: la material (infraestructura), la lógica (arquitectura digital) y la cognitiva (interacción humana), con las que se construye una cartografía conceptual compleja pero necesaria para comprender las dinámicas contemporáneas del poder global.

En el capítulo dos se introducen dos de los conceptos centrales de la obra: los Imperios Digitales y los Imperios Tecnológicos. Se analiza cómo ciertas corporaciones tecnológicas transnacionales —Meta, Google, Amazon, Huawei, entre otras—, que constituyen los denominados Imperios Tecnológicos, han adquirido un poder estructural y normativo que rivaliza con el de los Estados, configurándose aquí tres Imperios Digitales (EEUU, China y la UE). Siguiendo las tesis de autores como Bradford (2023), Zuboff (2019) y DeNardis (2014), se presenta un mapa tripartito del orden digital global: el modelo liberal estadounidense, el modelo autoritario chino y el modelo regulador europeo. Se muestran sus lógicas de expansión, conflicto y contención. Este análisis es esencial para comprender cómo el ciberespacio no es solo un campo de batalla técnico, sino también normativo, donde se disputa la definición de derechos, estándares y principios.

El capítulo tercero explora el fenómeno de la ciberguerra como una extensión —y mutación— de los conflictos interestatales. A partir de ejemplos como Stuxnet, el conflicto entre Rusia y Georgia o los ataques a infraestructuras críticas en Ucrania, se muestra cómo los Estados han adoptado doctrinas ofensivas y defensivas en el ciberespacio, y cómo la guerra ya no se libra solamente con armas físicas, sino también con bits, algoritmos y desinformación (Arquilla, 2022).

Además, se estudia la militarización del ciberespacio como un proceso progresivo que incluye la formación de ciberejércitos, la tipología de ciberarmas y los debates sobre derecho internacional aplicable a conflictos cibernéticos. El último apartado se dedica al análisis de la evolución de la ciberguerra, más en concreto de los escenarios de conflicto en el futuro

El cuarto capítulo se enfoca en fenómenos de seguridad que trascienden el ámbito estrictamente militar: ciberdelincuencia organizada, ciberterrorismo, ransomware, espionaje industrial, radicalización en línea o ciberinjerencias políticas. Aquí la mirada se vuelve más criminológica y se introducen categorías como ciberdelito estructural, ciberinfluencia geopolítica y ecosistema de amenazas. Se abordan también las vulnerabilidades de las infraestructuras críticas y los marcos de respuesta, tanto estatales como multilaterales. En este sentido, se integra la perspectiva de la cibercriminología crítica, que busca no solo describir el delito digital, sino también analizar los marcos regulatorios, éticos y políticos que lo producen, toleran o invisibilizan (Wall, 2007).

Finalmente, el libro culmina con una reflexión sobre la ciberdiplomacia, entendida no solo como una técnica de negociación internacional, sino como una arquitectura emergente de gobernanza global. Se revisan los esfuerzos de actores multilaterales para establecer normas y códigos de conducta en el comportamiento estatal en el ciberespacio. También se abordan las limitaciones de estos esfuerzos, la falta de consensos vinculantes y la tensión constante entre soberanía y apertura. Este capítulo cierra el círculo iniciado en la geopolítica, subrayando la necesidad de construir un orden cibernético internacional basado en principios éticos, cooperación multilateral y protección de los derechos fundamentales.

En definitiva, en la actualidad, la sociedad internacional se encuentra ante una encrucijada sin precedentes debido a que el ciberespacio ha dejado de ser una infraestructura complementaria para convertirse en el escenario principal donde se configuran las nuevas lógicas del poder, la soberanía, la seguridad y la influencia. Esta transición implica tanto oportunidades transformadoras como riesgos estructurales, cuya comprensión resulta indispensable para los responsables de políticas públicas, actores diplomáticos, fuerzas de seguridad, organizaciones internacionales y la ciudadanía global.

Uno de los principales desafíos expuestos por esta obra es la creciente asimetría de capacidades entre los actores del sistema internacional. Mientras unas pocas potencias tecnológicas controlan el grueso de las infraestructuras digitales —incluidos los flujos de datos, las plataformas de comunicación y los algoritmos de inteligencia artificial— la mayoría de los Estados y regiones dependen estructuralmente de ellas, perdiendo autonomía, capacidad de decisión e incluso soberanía normativa (Smith, 2023). Esto se traduce en una nueva forma de dependencia tecnológica que no solo es económica, sino también cultural y política.

Otro riesgo central analizado en este trabajo es la fragmentación del ciberespacio en múltiples "esferas de control" (el llamado *splinternet*), impulsada por lógicas geopolíticas de desconfianza, vigilancia y competencia. Esta fragmentación erosiona la promesa inicial de una red global abierta y plantea desafíos significativos a la interoperabilidad, los derechos digitales y la libertad de expresión. Tal como se analiza en el libro, la proliferación de "firewalls nacionales", plataformas autárquicas y sistemas de puntuación social digital implica una reorganización del poder digital en torno a bloques ideológicos, más que a principios universalistas.

También se destaca la amenaza de las operaciones cibernéticas encubiertas —incluyendo campañas de desinformación, espionaje industrial y ataques a infraestructuras críticas— como formas contemporáneas de guerra híbrida. Estas prácticas socavan los principios del derecho internacional, reducen la transparencia entre actores internacionales y multiplican los espacios de ambigüedad jurídica donde la impunidad se convierte en norma (Gastaldi & Justribó, 2014; Nye, 2021).

Finalmente, el libro analiza los dilemas éticos del uso de la inteligencia artificial, la vigilancia algorítmica y el control de datos biométricos, en contextos tanto democráticos como autoritarios. Estas tecnologías pueden servir a fines legítimos de seguridad o eficiencia, pero también habilitan formas sofisticadas de control social, exclusión y manipulación de masas, tal como lo demuestra el caso del *Sistema de Crédito Social* en China o el escándalo de Cambridge Analytica.

Sin embargo, el ciberespacio no debe ser concebido exclusivamente como un campo de amenazas. Aquí también se ponen de relieve las potencialidades del entorno digital. A través del acceso universal al conocimiento, la cooperación científica abierta, la diplomacia multilateral digital y la acción colectiva descentralizada, el ciberespacio puede convertirse en un vehículo para la democratización del poder global. Asimismo, la innovación tecnológica, en especial en campos como la inteligencia artificial, la computación cuántica o la ciberseguridad avanzada, ofrece nuevas oportunidades para reducir desigualdades estructurales, responder a crisis globales (como pandemias o ciberterrorismo) y proteger derechos fundamentales. Esta obra llama a los Estados a no limitarse a resistir pasivamente los riesgos del entorno digital, sino a liderar su transformación desde un marco ético, democrático y cooperativo.

En el plano teórico, el libro también ofrece herramientas para repensar las categorías fundamentales de las relaciones internacionales desde el prisma digital: soberanía, hegemonía, conflicto, diplomacia, crimen, ciudadanía, derechos. En este sentido, no solo describe el presente, sino que construye un marco interpretativo que permite anticipar escenarios futuros y diseñar estrategias resilientes.

Ciberinteligencia y Cibercriminología en la Sociedad Global no es un manual técnico, ni un tratado jurídico, ni una crónica periodística. Es un ejercicio de pensamiento estratégico, multidisciplinario y crítico sobre el lugar que ocupa el ciberespacio en la reconfiguración del orden mundial. Es también una invitación a articular nuevas respuestas políticas, normativas y sociales frente a los desafíos que este entorno plantea. En resumen, se parte de la idea de que no hay posibilidad de comprender el siglo XXI sin comprender el ciberespacio. Y esa comprensión no puede quedar relegada a los expertos técnicos, sino que debe formar parte de una agenda pública amplia, que involucre a universidades, organismos multilaterales, agencias de seguridad, empresas tecnológicas y, sobre todo, a los ciudadanos. Este libro ofrece las claves para participar de ese debate con fundamentos sólidos, con marcos teóricos actualizados, con estudios de caso relevantes y con una visión que combina rigor académico con conciencia ética.

En tiempos de incertidumbre digital, esta obra es una brújula para navegar el presente y pensar el futuro.

Abel González-García
José Lominchar Jiménez

Capítulo 1

Geopolítica del ciberespacio

> **Nexus:**
> *"Vivimos en un mundo interconectado, en el que las decisiones tomadas por un país pueden tener un impacto profundo en el resto".*
> HARARI, Y.N. (2024:419).

INTRODUCCIÓN A LA GEOPOLÍTICA DEL CIBERESPACIO

La geopolítica, tradicionalmente definida como el análisis de las influencias geográficas en las relaciones de poder, ha evolucionado para adaptarse a las dinámicas del ciberespacio. Este nuevo dominio, carente de fronteras físicas, ha reconfigurado el poder y la soberanía en un mundo cada vez más interconectado. El ciberespacio no solo sirve como un campo de interacción, sino también como un ámbito donde las naciones proyectan influencia y compiten por el control de los recursos digitales (Douzet, 2014).

Además del campo propio de la geopolítica, se configura un campo de estudio nuevo que emerge de la intersección entre la Criminología (Cibercriminología, más en concreto) y la Ciencia Política (con las Relaciones Internacionales). Este análisis se centra en cómo los estados y otros actores interactúan en el ciberespacio, un "lugar" más donde se manifiestan relaciones de competencia (enfrentamiento, en algunos casos), cooperación e incluso sumisión de unos estados a los denominados "Imperios Digitales" (Riordan, 2018).

Para entender esta dinámica, es esencial comprender la ontología de las Relaciones Internacionales, cuyo objeto de estudio es la comunidad internacional y cómo operan sus distintos actores. El Estado, surgido tras la Paz de Westfalia en 1648, es la unidad política fundamental, definida por población, territorio y gobierno propios, y que reclama el monopolio del uso de la violencia para garantizar la paz y la seguridad (Goldstein & Pevehouse, 2022). De esta definición emanan conceptos clave como la soberanía y el interés nacional, principios básicos del Derecho Internacional. Pero más allá de los estados, las organizaciones internacionales y otros actores no estatales, como empresas privadas, coaliciones transnacionales, comunidades de expertos, corporaciones multinacionales, movimientos sociales, opinión pública internacional, grupos terroristas y organizaciones criminales transnacionales, también ejercen poder económico y cultural en este sistema de relaciones (Singer & Friedman, 2014).

En otro orden de cosas y en relación a las relaciones de los estados en el ciberespacio se debe considerar que este no es un ámbito abstracto y desvinculado de la realidad física, sino un espacio geopolítico definido por la interacción entre infraestructuras tangibles y sistemas lógicos (Buzai, 2014). Su control y gobernanza representan un desafío central para los estados, cuya capacidad para influir en este dominio definirá las dinámicas del poder global en el siglo XXI. El ciberespacio, aunque se percibe como un ámbito intangible y virtual, está profundamente arraigado en infraestructuras físicas que permiten su existencia. Esta dualidad entre lo físico y lo lógico crea un espacio geopolítico único, donde las interacciones virtuales tienen repercusiones concretas en el poder y las relaciones internacionales.

Relacionado con lo anterior, la estructura física y lógica del ciberespacio es otro de los elementos geopolíticos a tener en cuenta. El ciberespacio es una realidad tangible, material que se construye sobre bases de infraestructura físicas y se compone de tres capas principales:

a) Capa material: Incluye la base tecnológica e infraestructura física como cables submarinos y terrestres, satélites, servidores, centros de datos y terminales. Por tanto, el funcionamiento del ciberespacio depende de infraestructuras materiales. Estas infraestructuras están distribuidas de manera desigual a nivel global, creando asimetrías de poder entre países. Por ejemplo, la concentración de cables submarinos en determinadas regiones pone a ciertos estados en una posición estratégica, permitiéndoles controlar el acceso a Internet en caso de conflicto. Estas infraestructuras también son objetivos geopolíticos clave, como se observó en los ciberataques coordinados por Rusia durante el conflicto con Georgia en 2008 (Gastaldi & Justribó, 2014).

b) Capa lógica y digital: Comprende los sistemas de información, programas, lenguajes y protocolos para la transmisión de datos (arquitectura de software). Este componente lógico del ciberespacio presenta desafíos únicos en términos de soberanía. A pesar de que el ciberespacio parece estar libre de fronteras físicas, su control sigue siendo un asunto geopolítico crítico. Estados como China y Rusia han implementado estrategias de soberanía cibernética mediante la creación de "cortafuegos nacionales" y plataformas digitales controladas localmente para reducir su dependencia de las infraestructuras dominadas por Occidente (Kello, 2017).

c) Capa cognitiva: Es la parte visible para los usuarios, con interfaces que consolidan todos los datos personales, militares o industriales (es la información que circula en el ciberespacio y que podemos "ver"). También se refiere a la identidad digital ciudadana, donde cada persona puede ser "varias personas" a la vez.

De esta manera y a través de estas capas, la relación entre ciberespacio y geografía también ha dado lugar al campo emergente de la cibergeografía, que busca mapear las interacciones entre los espacios físicos y virtuales (Gao et al., 2019). Este enfoque es crucial para comprender cómo la localización de infraestructuras digitales y las conexiones globales impactan en la economía, la seguridad y las dinámicas de poder en un mundo interconectado.

La innovación permanente es otra característica del ciberespacio relacionada con su vertiente geopolítica y las relaciones entre los estados, aunque aquí, su construcción es puramente humana, por lo que hay que analizar también la vertiente humana en la geopolítica. En concreto, el ciberespacio, como espacio creado por la humanidad, es un reflejo de nuestra capacidad para innovar constantemente (Bakator et al., 2024). Su evolución depende tanto de avances tecnológicos como de la creatividad y las necesidades humanas, lo que lo convierte en un terreno de innovación continua y transformación global.

Pero la innovación en el ciberespacio no está exenta de desafíos, por ejemplo, las cuestiones éticas, como la privacidad y la seguridad, así como las barreras económicas y sociales, destacan la importancia de enfoques integradores que incluyan tanto a las personas como a las tecnologías (Carayannis et al., 2024). Esto es especialmente relevante en la transformación digital, donde la colaboración entre humanos y máquinas es esencial para generar soluciones sostenibles y efectivas.

Ahondando más en el ámbito de la innovación, el ciberespacio se caracteriza por la integración constante de nuevas tecnologías, como la inteligencia artificial, los sistemas ciberfísicos y la realidad aumentada, que permiten soluciones personalizadas y colaborativas (Bakator et al., 2024). Por ejemplo, los enfoques de Industria 5.0 buscan crear ecosistemas humanos y tecnológicos que optimicen procesos y mejoren la calidad de vida, reforzando el papel central del ser humano en la era digital.

Pero, a pesar de su naturaleza digital, el ciberespacio está profundamente ligado a los valores y necesidades humanas. Conceptos como los sistemas ciberfísicos y las plataformas colaborativas han revolucionado sectores como la salud y la manufactura al integrar lo virtual con lo físico. Estos avances no solo promueven la eficiencia, sino que también fomentan la resiliencia y la sostenibilidad, elementos clave en la creación de una sociedad más humana (Carayannis et al., 2024). Esta influencia de la tecnología y lo humano hace que los estados (y empresas) compitan y colaboren en la innovación, por lo que el análisis de las sociedades creadas a partir de esta interacción también es de un interés crucial en la geopolítica del ciberespacio, como se verá con las relaciones de los "Imperios Digitales" y otros actores estados de la sociedad internacional.

Por tanto, la evolución del ciberespacio no es un proceso opcional, sino una necesidad estratégica. La globalización digital y las competencias entre naciones y empresas exigen una constante actualización tecnológica para mantener la competitividad. Esto se refleja en iniciativas como el diseño colaborativo para la industria y la creación de sistemas ciberfísicos avanzados, que aseguran adaptabilidad y personalización en un mundo en constante cambio (Bakator et al., 2024).

GEOPOLÍTICA CLÁSICA Y SU APLICACIÓN AL CIBERESPACIO

La geopolítica clásica, aunque originada en un contexto físico y territorial, ofrece un marco sólido para analizar el ciberespacio como un dominio estratégico. Los principios de soberanía, control y poder estatal se aplican de manera única en este entorno digital, donde las rivalidades tradicionales se reinterpretan para abordar los desafíos del siglo XXI. La base de la geopolítica clásica la encontramos en principios establecidos por figuras como Halford Mackinder o Alfred Thayer Mahan, quienes enfatizaron la importancia del control territorial y marítimo en la configuración del poder estatal (Mackinder, 1919; Mahan, 1890). En una versión más actual de la geopolítica, Klaus Dodds (2014) busca demostrar que entender la geopolítica es esencial, no solo algo inteligente, en el contexto de los conflictos globales. Señala que, a pesar de la globalización, la relevancia del territorio y la soberanía sigue siendo crucial. Dodds define la geopolítica como un término "escurridizo", a menudo usado como abreviatura para una postura robusta en política exterior. Estos enfoques tradicionales, centrados en el control de recursos estratégicos y el equilibrio de poder, siguen siendo relevantes, aunque reinterpretados, en el contexto del ciberespacio.

La geopolítica clásica centró su atención en la interacción entre geografía y poder. Mackinder, en su teoría del "Heartland", destacó la importancia del control territorial para dominar el orden global. Por lo que, en el contexto del ciberespacio, este concepto se transforma: "Quien controle los flujos comunicacionales controlará el Heartland cibernético y quien gobierne el heartland cibernético controlará el mundo" (Prado, 2018). Este paralelismo subraya la importancia de los "puntos de control" digitales, como las infraestructuras críticas y los nodos principales de datos.

Como ya se ha expuesto, el ciberespacio, aunque intangible, depende de infraestructuras físicas como cables submarinos, satélites y servidores. Esto lo vincula a la geografía física y, por ende, a la geopolítica clásica. Los estados buscan controlar estas infraestructuras para garantizar su soberanía digital y protegerse de amenazas externas, como ciberataques y espionaje industrial (Riordan, 2018). Por ejemplo, actores estatales como Rusia y China han implementado estrategias cibernéticas que reflejan principios geopolíticos tradicionales, utilizando el control de la infraestructura digital para reforzar su poder nacional.

Un dato para tener en cuenta en la contextualización de estas ideas clásicas y su aplicación a la situación actual es que la creación de internet fue impulsada por actividades bélicas, específicamente como respuesta al lanzamiento del Sputnik por la URSS y la necesidad de un sistema de comunicaciones militares resistente a sabotajes. La red ARPANET fue el inicio de la conexión entre computadoras, evolucionando a la actual internet. Y ello ha evolucionado hasta llegar a la actual cibergeografía, definida como una nueva especialidad que estudia la naturaleza espacial de las redes de comunicación computacionales, incluyendo internet (Robine & Salamatian, 2014). Aquí se produce el estudio de la distribución espacial de las tecnologías de la información y las comunicaciones (TIC), aspectos socio-demográficos de comunidades virtuales, la visualización de los nuevos espacios electrónicos, y los flujos comunicacionales.

Los gobiernos necesitan adaptarse a esta nueva cibergeografía, trabajando en la ciberdefensa, el rastreo de amenazas y la identificación de zonas de influencia. Los mapas de interés ahora incluyen flujos de información, bases de datos y nuevas fronteras espaciales en campos como la telefonía móvil, la digitalización masiva de la información, la robótica, la nanotecnología y la biotecnología. Los accidentes geográficos de la teoría del heartland se extrapolan al ciberespacio (Riordan, 2018). En este sentido, Estados Unidos ha sido un hegemón mundial cibernético desde la Guerra Fría, manteniendo el dominio y la estrategia de la política exterior a través de su heartland cibernético en los que departamentos de defensa y corporaciones como RAND participan en estas estrategias de poder cibernético.

En este sentido, las ideas de otro geopolitólogo como Barnett (2014) son interesantes para seguir comprendiendo el modelo actual de competencia en el ciberespacio. Barnett distingue entre un "núcleo funcional" y una "brecha no integrada", donde el núcleo representa a las naciones que comparten los valores estadounidenses y que están bien integradas en la economía global, además estas naciones son consideradas como espacios seguros y estables. Por otro lado, la brecha se refiere a aquellos países y regiones que están desconectados de la economía global, a menudo debido a la existencia de estados fallidos o a la corrupción. Según Barnett, estos lugares son caldo de cultivo para el tráfico de armas, las redes terroristas y otras actividades criminales, representando una amenaza para el núcleo. Así que el énfasis se pone en la geografía como determinante del peligro y en que el peligro debe ser entendido en términos de "dónde" y no "quién". De esta manera, su visión geopolítica busca identificar y representar los peligros globales a una escala mundial, al igual que hicieron Mackinder y otros autores.

Otro aspecto interesante y que se debe conocer en el ámbito geopolítico son los propios estados, las fronteras, la lucha por los recursos en los conflictos actuales, pero también los conflictos entre estados en el ciberespacio. En este caso, las ideas de Ratzel, ya en 1897, que concibió al estado no como una simple entidad política o legal, sino como un superorganismo con su propia vida, necesidades y un instinto de conservación. Es decir, similar a un organismo biológico, el estado nace, se desarrolla, compite y, eventualmente, puede declinar o morir pueden ser útiles para analizar el caso de los ciberestados o la dimensión de los estados en el ciberespacio. Además, Ratzel creía que los estados existían en un mundo de lucha constante y competencia, donde la supervivencia del más apto era la ley fundamental. Esta lucha no se limitaba a conflictos militares, sino también a la competencia por recursos, territorio y la influencia en otros estados o regiones. Tanto la tierra como el mar eran considerados por Ratzel como rutas y oportunidades para la expansión y consolidación territorial. Un estado fuerte buscaría controlar tanto los recursos terrestres como marítimos para fortalecer su posición y asegurar su supervivencia (Imširović, 2019). Por lo que estas ideas de Ratzel llevadas al ámbito cibernético se encuentra que, a diferencia de las fronteras físicas tradicionales, el ciberespacio plantea un desafío para la soberanía estatal debido a su naturaleza descentralizada y global. Sin embargo, las dinámicas de poder siguen siendo determinadas por la capacidad de los estados para influir en las infraestructuras digitales y regular su uso dentro de sus territorios (Riordan, 2018).

En relación con las fronteras en el ciberespacio, la propia configuración del ciberespacio o las rutas y oportunidades en el mismo, debemos considerar el ciberespacio como jerárquico. Porque, a pesar de la idea inicial de descentralización, el desarrollo empírico de internet muestra un espacio altamente jerarquizado. El análisis espacial revela que existen puntos de control que concentran el tráfico y que las conexiones no son directas. También podemos decir que el ciberespacio se considera un nuevo espacio para la exploración, con nuevas posibilidades de investigación y análisis. Sin embargo, también presenta posibilidades geopolíticas para su control (Robine & Salamatian, 2014). Y, a diferencia de las fronteras físicas tradicionales, el ciberespacio plantea un desafío para la soberanía estatal debido a su naturaleza descentralizada y global. Sin embargo, las dinámicas de poder siguen siendo determinadas por la capacidad de los estados para influir en las infraestructuras digitales y regular su uso dentro de sus territorios. Este enfoque refuerza la relevancia de la geopolítica clásica como marco de análisis en el ciberespacio y nos lleva a conocer cómo de produce la rivalidad geopolítica entre estados (y actores no estatales) (Riordan, 2018).

Profundizando en la rivalidad geopolítica entre estados en el ciberespacio, donde se libran conflictos por el control de datos y redes, encontramos que los ataques cibernéticos y el uso de tecnología digital como arma reflejan una extensión de las estrategias de poder tradicionales al ámbito digital. Por ejemplo, el conflicto entre Rusia y Georgia en 2008 demostró cómo las operaciones cibernéticas pueden combinarse con la fuerza militar convencional para obtener ventajas estratégicas (Gastaldi & Justribó, 2014). Así visto, el ciberespacio ha ampliado las arenas de competencia entre grandes potencias, como Estados Unidos, China, Rusia o la Unión Europea. Estas naciones emplean ciberestrategias que reflejan principios geopolíticos clásicos de dominio y contención. Algunos ejemplos en este sentido son:

a) Estados Unidos y su enfoque de dominación tecnológica: Estados Unidos ha priorizado el control de la infraestructura digital global, desde la tecnología de enrutamiento hasta los estándares de software. Empresas tecnológicas como Google, Amazon y Microsoft desempeñan roles clave en la expansión del dominio estadounidense, con apoyo indirecto del gobierno en términos de regulaciones y ciberseguridad. Esta estrategia se basa en un principio geopolítico de dominio estratégico, buscando mantener el control de las "alturas digitales" del ciberespacio (Riordan, 2018).

b) China: la muralla digital y su expansión global: China ha implementado un modelo de "soberanía cibernética" para controlar estrictamente el acceso a Internet dentro de sus fronteras mediante el Gran Cortafuegos. Además, ha promovido la infraestructura digital global a través de la Iniciativa de la Franja y la Ruta Digital, que busca establecer estándares chinos en tecnología y telecomunicaciones en mercados emergentes. Este enfoque refleja el clásico principio de la geopolítica de extender influencia mediante corredores estratégicos (Riordan, 2018).

c) Rusia: desinformación y ciberagresión: Rusia utiliza ciberataques y campañas de desinformación como herramientas geopolíticas para desestabilizar a sus rivales. Los ciberataques durante el conflicto con Georgia en 2008 y las campañas de desinformación dirigidas a elecciones en Europa y Estados Unidos reflejan cómo el ciberespacio se ha convertido en un campo de batalla geopolítico donde se persigue influir en la percepción pública y debilitar estructuras políticas (Riordan, 2018).

d) Unión Europea: regulación para la defensa de los Derechos Fundamentales: La regulación de la Unión Europea en el ciberespacio se erige como un modelo global en la defensa de los derechos fundamentales. Aunque enfrenta desafíos significativos, el enfoque normativo europeo sigue siendo un ejemplo de cómo equilibrar seguridad, innovación y derechos humanos en la era digital (Fuster & Jasmontaite, 2020; Bradford, 2023).

No solo las grandes potencias participan en estas rivalidades. Estados más pequeños y actores no estatales han encontrado en el ciberespacio un medio para amplificar su influencia. Países como Estonia y Singapur han desarrollado capacidades cibernéticas defensivas y ofensivas para protegerse de potencias más grandes. Estonia, en particular, lidera en estrategias de resiliencia cibernética tras haber sido blanco de ataques masivos en 2007 por parte de actores vinculados a Rusia (Gastaldi & Justribó, 2014). Grupos terroristas, hackers organizados y empresas privadas también influyen en las rivalidades del ciberespacio. Por ejemplo, los ciberataques patrocinados por estados a menudo son llevados a cabo por terceros para evitar represalias directas, mientras que actores como Anonymous han utilizado el ciberespacio como una plataforma para avanzar agendas ideológicas y políticas (Singer & Friedman, 2014).

Todo ello lleva a un momento de desestabilización de las relaciones internacionales donde los ataques cibernéticos y las campañas de desinformación han intensificado tensiones internacionales. La atribución de ataques, a menudo ambigua, dificulta las respuestas claras y crea un clima de desconfianza entre estados. También nos lleva a escaladas en conflictos híbridos en las que los ciberataques no suelen darse de forma aislada, sino que acompañan operaciones militares y políticas, como se evidenció en la anexión de Crimea por parte de Rusia, donde las ofensivas cibernéticas complementaron las acciones en el terreno físico (o el desarrollo de la guerra de Ucrania y Rusia) (Cubeiro Cabello, 2022). Y, por último, a una competencia tecnológica global puesto que la rivalidad tecnológica entre Estados Unidos y China por el liderazgo en inteligencia artificial, 5G y otras tecnologías clave es una extensión de las disputas en el ciberespacio y tiene implicaciones estratégicas de largo alcance (Nye, 2021).

Por lo que se ha visto, la teoría geopolítica también aborda cómo la hegemonía tecnológica, liderada por potencias como Estados Unidos, China y la Unión Europea, redefine las relaciones de poder. Estos imperios digitales han invertido significativamente en tecnologías emergentes como la inteligencia artificial, la computación cuántica y la militarización del ciberespacio (Mhalla, 2022). Y lo que ha impulsado todo ello ha sido el ciberespacio, que introduce una nueva dimensión modificadora de los espacios culturales y por tanto establece un nuevo orden en la estrategia de poder. Los estados, especialmente los de los países centrales, ejercen poder en este nuevo dominio, ejercen la hegemonía y podemos considerarlos incluso imperios digitales. Así que el ciberespacio se convierte en un nuevo espacio para las relaciones de poder, donde armas, tecnología y mercados se entrelazan (Prado, 2018).

En este medio, también la fusión público-privada se hace evidente, con las denominadas BigTech, empresas que actúan como brazos tecnológicos de las naciones en algunos casos y que se constituyen como Imperios Tecnológicos. Esta amalgama de actores y situaciones nos lleva a la denominada "guerra tecnológica" entre diferentes potencias (China, Estados Unidos y la Unión Europea, por ejemplo) en áreas como la Inteligencia Artificial, la tecnología cuántica, los cables submarinos, las tecnologías militares emergentes y la conquista del ciberespacio, áreas que son una clara muestra de esta dinámica. Por tanto, las BigTech se convierten en poderosas herramientas geopolíticas y diplomáticas (Riordan, 2018).

Por último, en el estudio de la relación entre geopolítica clásica y ciberespacio, hay que hablar de la geopolítica crítica. Esta especialidad atomiza el hecho geográfico del estado y sus relaciones espaciales, enfocándose en las interpretaciones del discurso político y en la dimensión ideológica, lo cual es coherente con la escuela de Frankfurt de geopolítica clásica. La geopolítica crítica posee tres corrientes principales (Smith, 2023): una en la que destaca el rol de la economía política en las relaciones espaciales, otras en la que la crítica a las relaciones de poder entre estados es el elemento central y, por último, la geografía política humanista que considera al individuo clave.

Si llevamos este enfoque al dominio del ciberespacio podemos analizar la digitalización y el capitalismo de datos. Así, el proceso de digitalización es un vector fundamental del capitalismo de datos, donde la acumulación de capital se basa en la extracción, análisis y uso de grandes volúmenes de datos (big data). La organización de la producción, las decisiones y las identidades están cada vez más vinculadas a la generación e interacción con estos datos. Este proceso genera nuevas formas de poder y asimetrías entre actores de la política internacional (Smith, 2023).

Otro enfoque interesante es el que se tiene desde la economía política internacional crítica, ya que la digitalización transforma las relaciones de producción y propicia nuevas formas de gobernanza, donde se disputa la construcción de un nuevo orden mundial digital. Aquí se propone un marco conceptual que actualiza la tríada de conceptos de Cox (fuerzas sociales, formas de estado y orden mundial) a: relaciones de producción, formas de gobernanza y orden mundial digital. Este marco incluye la tecnología como parte integral de las relaciones de producción, y reconoce la diversidad de actores y redes no estatales que influyen en la gobernanza. Se destaca asimismo que la gobernanza se realiza también a través de tecnologías como algoritmos (Smith, 2023). Desde esta perspectiva se pueden analizar diferentes áreas:

a) Ciberseguridad: enfocada en mantener el orden hegemónico neoliberal. Se debate sobre la ciberguerra, los ciberataques a infraestructuras críticas y el rol de EE.UU. como impulsor del modelo multistakeholder de gobernanza de internet. También caben mencionar los desafíos contrahegemónicos de China y Rusia o la regulación de la Unión Europea. Un ejemplo del uso de la ciberseguridad es el caso de Stuxnet y su impacto a nivel geopolítico (Bordelon, 2017).

b) Gobernanza del comercio digital y las finanzas: caracterizado por el flujo transfronterizo de datos y la automatización, con un papel clave de las empresas transnacionales de tecnología. Se discute la regulación del comercio digital y el debate sobre el libre flujo de datos. En las finanzas, las criptomonedas y la tecnología blockchain están generando nuevas formas de transacciones descentralizadas que desafían el control de las instituciones financieras tradicionales (Kittichaisaree, 2017).

c) Derechos humanos y ciudadanía en internet: la digitalización plantea desafíos a la privacidad debido a la recolección masiva de datos y el uso de algoritmos. Se discute el rol de las empresas transnacionales en la formulación de políticas y su impacto en los derechos laborales y la ciudadanía. Por lo que, incluso la idea de ciudadanía está cambiando debido a la mediación de algoritmos y plataformas digitales (Fuster & Jasmontaite, 2020).

d) Medioambiente: Se destaca el potencial de la digitalización para mejorar las estrategias de mitigación y adaptación al cambio climático, pero también se debate sobre la propiedad de los datos medioambientales y el uso de la tecnología blockchain en la gobernanza ambiental (Vila Seoane & Saguier, 2019).

e) Hegemonía y desafíos contrahegemónicos: el orden mundial digital es un espacio de disputa entre diversas fuerzas sociales. Si bien EE.UU mantiene un rol hegemónico, también existen desafíos contrahegemónicos por parte de China, la Unión Europea y otros actores. El ejemplo en este sentido lo encontramos en las revelaciones de Snowden que expusieron las contradicciones entre el discurso de internet libre y las prácticas de vigilancia masiva, generando nuevas tensiones (Smith, 2023).

TEORÍA DEL PODER Y DEL CIBERPODER. GOBERNANZA DEL CIBERESPACIO

El concepto de "ciberpoder" representa una extensión de las teorías clásicas de poder en relaciones internacionales. Joseph Nye (2021) define el poder en el ciberespacio como la capacidad de influir en los comportamientos y decisiones a través del uso de tecnologías digitales. Los estados centrales (o imperios digitales), gracias a su infraestructura tecnológica avanzada, ejercen control sobre los flujos de información globales, mientras que los países periféricos enfrentan retos significativos en soberanía tecnológica. El ciberpoder trasciende las fronteras físicas y genera efectos simultáneos en el ámbito político, económico y militar. Algunos ejemplos incluyen ataques cibernéticos dirigidos a infraestructuras críticas, como los casos de Stuxnet o los ciberataques en el conflicto ucraniano, que demuestran la importancia de este tipo de poder en las estrategias de seguridad nacional (Bordelon, 2017). Además, rompe con el concepto clásico de soberanía debido a que las infraestructuras del ciberespacio, aunque estén físicamente situadas en ubicaciones geográficas específicas y operadas por seres humanos organizados políticamente, el ciberpoder se ejerce de forma intangible (Nye, 2021).

El ciberespacio es un nuevo e importante contexto en la política mundial, caracterizado por la baja barrera de entrada, el anonimato y las asimetrías en vulnerabilidad. Esto permite que actores más pequeños ejerzan poder duro y blando en este dominio, más que en otros dominios tradicionales. El ciberespacio reduce algunas de las diferencias de poder entre los actores, lo que ilustra la difusión de poder que caracteriza la política global en este siglo. Sin embargo, esta difusión no significa igualdad de poder ni reemplaza a los gobiernos como los actores más poderosos (Nye, 2021). También el ciberespacio se ha convertido en otro dominio estratégico, junto con el mar, el aire, la tierra y el espacio. Las estrategias del poder cibernético se dirigen desde los países centrales hacia los periféricos, como se evidencia en el caso de Ucrania. La identificación de los flujos de información, los nodos y la rapidez de las conexiones son elementos clave en esta dinámica. La militarización del ciberespacio es una realidad. Los países centrales, con mayor soberanía tecnológica, buscan controlar las nuevas fronteras digitales (Imperios Digitales, donde destacan EEUU, China y la Unión Europea) (Riordan, 2018).

El ciberespacio se concibe como una matriz electrónica de interconexiones entre bases de datos digitales a través de sistemas computacionales conectados en la red. Tiene una naturaleza doble, siendo una realidad física en un espacio geográfico y político determinado, y un espacio intangible de intercambio construido por la producción masiva de datos. Es un ámbito insustancial con efectos en el ámbito físico, y un espacio de poder y lucha de inteligencias tecnológicas. En este sentido, la concentración de capitales y poderío económico en el orden de la información mundial es evidente (Prado, 2018).

La carrera hacia el mundo de los datos es un nuevo atributo del poder, donde el acceso, la capacidad de explotar y comprender la data son cruciales. Se desarrollan nuevas relaciones de poder, donde la capacidad de hacer transparente o invisible, borrar, manipular o reivindicar la data, se convierte en un elemento clave. Las luchas de poder se dan entre los Imperios Tecnológicos y también los Estados (y los Imperios Digitales), con la recopilación masiva de datos personales e industriales como práctica común (Smith, 2023). La fragmentación de Internet, con múltiples centros regionales y la macropolarización de dos Imperios Digitales (y de datos) como son China y Estados Unidos, también es un rasgo característico. Rusia ha añadido complejidad a este duopolio y la Unión Europea con su paradigma regulatorio también. El control de los datos y de las normas tecnológicas es objeto de disputa porque los estados buscan hacer cumplir su voluntad política dentro de sus fronteras, aunque con matices, dada la influencia de las BigTech.

Por todo ello, la ciberpolítica genera consecuencias en las nuevas formas de poder y asimetrías entre los actores de la política inter y transnacional. Las dinámicas de conflicto y cooperación se manifiestan en la construcción de nuevas configuraciones de un orden mundial digital en áreas como la ciberseguridad, la gobernanza del comercio y las finanzas globales, los Derechos Humanos y la ciudadanía digital, y el medioambiente (Smith, 2023). Ejercer el poder en el ciberdominio posee tres aspectos clave. Por un lado, la capacidad de un actor para hacer que otros hagan algo que inicialmente no harían, ya sea a través de poder duro (ataques de denegación de servicio) o poder blando (campañas de información); por otro lado, el control de la agenda, donde un actor impide ciertas opciones o estrategias, usando poder duro (filtros y firewalls) o poder blando (estándares de software); y, por último, el tercero es la capacidad de influir en las preferencias de otros, ya sea a través de amenazas (poder duro) o creación de preferencias (poder blando) (Nye, 2021).

Los actores y sus recursos de poder se pueden identificar a partir de los gobiernos con sus recursos como infraestructura, coerción legal, tamaño de mercado, y recursos para ciberataque y defensa, aunque también se pueden detectar vulnerabilidades que incluyen la alta dependencia de sistemas complejos y estabilidad política. Las organizaciones y redes estructuradas tienen grandes presupuestos, recursos humanos y flexibilidad transnacional, pero son vulnerables por el robo de propiedad intelectual y disrupciones del sistema. Además, hay que incluir a los individuos y redes ligeramente estructuradas que tienen bajo costo de entrada y anonimato, pero son vulnerables a la coerción de gobiernos y organizaciones (Nye, 2021). El ciberespacio además introduce nuevas dinámicas de poder que desafían las estructuras tradicionales. La fragmentación de Internet en bloques ideológicos, como el Great Firewall de China o el Rutnet de Rusia, refleja los intentos de los Estados por garantizar su soberanía digital. Al mismo tiempo, iniciativas como la QUAD (EE.UU., Japón, India y Australia) buscan contrarrestar la creciente influencia tecnológica de China (Smith, 2023).

La militarización del ciberespacio es otro aspecto clave. Los Departamentos/Ministerios de Defensa en diversos países han integrado estrategias cibernéticas en sus doctrinas militares, reconociendo al ciberespacio como un dominio estratégico al mismo nivel que el aire, la tierra, el mar y el espacio. Por lo que, antes del análisis de la gobernanza del ciberespacio conviene desarrollar, aunque se hará de manera más profunda en otros apartados del libro, el modelo del poder en el caso de la ciberguerra. En este sentido, se pueden analizar cuatro aspectos para abordar la complejidad de la ciberguerra:

a) Conjunto de mundos: en el modelo de la geopolítica clásica, las culturas y sociedades están aisladas, con interacciones esporádicas, por lo que el poder se enfoca en el mantenimiento de la cultura dentro de sus límites naturales. En la ciberguerra, esto puede verse en espacios secretos y desconectados, como los laboratorios donde se desarrolló Stuxnet (Bordelon, 2017).

b) Campo de fuerzas: tradicionalmente los estados tienen territorios definidos y las ganancias territoriales de uno se dan a expensas de otros. En la ciberguerra, se manifiesta en ataques dirigidos a la infraestructura de un estado, como en el caso de Rusia contra Estonia y Georgia (Gastaldi & Justribó, 2014).

c) Red jerárquica: se enfatiza la existencia de núcleos, periferias y semiperiferias conectadas por flujos. En el ciberespacio, se manifiesta en la distribución del poder computacional, donde los centros de datos actúan como núcleos y los usuarios individuales como periferia. Los ataques DDoS son un ejemplo de cómo se puede modificar esta jerarquía (Bordelon, 2017).

d) Sociedad mundial: se puede hablar de comunidades globales integradas, donde los problemas trascienden las fronteras estatales y las comunicaciones son no jerárquicas. En la ciberguerra se ve en la interconexión de espacios reales y virtuales, como en el ataque de Stuxnet que afectó una instalación desconectada de internet a través de USB (Bordelon, 2017).

Al mencionar la ciberguerra también hay que incluir la disuasión en el ciberespacio, diferente de la nuclear, pero aun posible. Se puede lograr a través de la negación (defensas fuertes), respuesta inmediata y la posibilidad de daño a la reputación del atacante. La disuasión es compleja por la dificultad en la atribución de ataques y la naturaleza difusa de las amenazas. La interdependencia entre países puede actuar como un disuasivo ya que un ataque a un país grande puede perjudicar también a otros (Bordelon, 2017).

Además, la gobernanza del ciberespacio es un tema complejo que involucra la interacción de actores estatales, no estatales e instituciones internacionales en un esfuerzo por establecer normas, políticas y marcos regulatorios que promuevan un entorno digital seguro y equitativo. Este proceso tiene desafíos significativos debido a las tensiones entre intereses nacionales, económicos y de derechos humanos. Diversos organismos, como las Naciones Unidas y la Unión Internacional de Telecomunicaciones, han intentado coordinar esfuerzos globales para establecer estándares y principios comunes para el ciberespacio. Sin embargo, las diferencias en las prioridades nacionales, como la soberanía digital y la libertad de información, dificultan la adopción de acuerdos universales (Kittichaisaree, 2017). También esta gobernanza requiere la cooperación entre estados, empresas tecnológicas y organizaciones de la sociedad civil. Modelos como el enfoque de múltiples partes interesadas han demostrado ser efectivos en áreas como la gestión de nombres de dominio, pero enfrentan limitaciones en cuestiones más amplias como la seguridad cibernética y la privacidad.

Los conflictos entre la necesidad de garantizar la seguridad nacional y la protección de los derechos fundamentales, como la privacidad, son recurrentes en la gobernanza del ciberespacio. A lo que hay que sumar la falta de un marco legal internacionalmente vinculante que permite que algunos actores eviten la rendición de cuentas y perpetúen actividades maliciosas. Por tanto, las potencias globales compiten por la hegemonía en el ciberespacio, utilizando tantos medios tecnológicos como normativos para establecer su influencia. Esto incluye la promoción de estándares tecnológicos y la regulación de flujos de información para consolidar posiciones geopolíticas (Kittichaisaree, 2017).

El ciberespacio es un escenario donde convergen intereses estatales y no estatales, configurando una compleja red de interacciones que refleja tanto las dinámicas tradicionales de poder como los desafíos propios de la era digital. La gobernanza eficaz de este dominio requiere un enfoque multiactor que integre cooperación internacional, innovación tecnológica y protección de los derechos fundamentales (Riordan, 2018). En el ciberespacio, los actores estatales y no estatales compiten y colaboran para alcanzar sus objetivos. Los Estados ejercen control a través de regulaciones, ciberdefensa y la creación de marcos legales internacionales. Sin embargo, enfrentan desafíos constantes de parte de actores no estatales, como grupos hacktivistas, organizaciones criminales e, cinluco, corporaciones tecnológicas (Singer & Friedman, 2014). Las grandes empresas tecnológicas, a las que se denomina en este trabajo "Imperios Tecnológicos", desempeñan un papel crucial. Su influencia se extiende más allá de los mercados económicos, afectando decisiones políticas y diplomáticas. Ejemplos como el escándalo de Cambridge Analytica evidencian el impacto de estas entidades en la soberanía estatal y la integridad democrática (Singer & Friedman, 2014).

De esta manera, el ciberespacio se ha consolidado como un dominio estratégico en el que interactúan múltiples actores con agendas, capacidades y objetivos diversos. Entre estos destacan los actores estatales y no estatales, cuyas acciones y estrategias configuran las dinámicas de poder, conflicto y cooperación en este entorno virtual. Este epígrafe explora el papel de estos actores desde una perspectiva geopolítica, considerando su influencia en las relaciones internacionales y la gobernanza del ciberespacio (Riordan, 2018). Los estados han trasladado al ciberespacio las dinámicas tradicionales de poder y soberanía, utilizándolo como una herramienta para la protección de sus intereses nacionales y la proyección de influencia internacional. Las estrategias de los actores estatales en este dominio pueden agruparse en tres categorías principales:

a) Ciberseguridad y Defensa Nacional: Los estados invierten en capacidades ofensivas y defensivas para proteger sus infraestructuras críticas, prevenir ataques cibernéticos y garantizar la resiliencia de sus sistemas. Un ejemplo destacado es la Estrategia Nacional de Ciberseguridad de Estados Unidos, que busca proteger tanto a nivel interno como internacional su infraestructura digital estratégica (Singer & Friedman, 2014).

b) Control y Soberanía Digital: Algunos países, como China y Rusia, han implementado políticas de "soberanía cibernética" mediante restricciones en el acceso a Internet, la creación de redes nacionales y el control de los flujos de información dentro de sus fronteras. Estas políticas buscan limitar la influencia extranjera en sus territorios y proteger la seguridad nacional (Riordan, 2018).

c) Proyección de Poder y Ciberconflictos: Los estados utilizan el ciberespacio como un medio para llevar a cabo operaciones ofensivas, incluyendo ciberataques, campañas de desinformación y espionaje. Casos como el uso de ciberataques por parte de Rusia durante el conflicto con Georgia en 2008 o las acusaciones de interferencia electoral en Estados Unidos destacan el impacto geopolítico de estas actividades (Gastaldi & Justribó, 2014).

El ciberespacio no solo está definido por la acción de los estados; actores no estatales como empresas tecnológicas, organizaciones de la sociedad civil, grupos hacktivistas y actores maliciosos también desempeñan un papel significativo como se ha puesto de manifiesto anteriormente. Corporaciones como Google, Microsoft o Huawei son actores clave en el ciberespacio, controlando infraestructuras críticas y tecnologías avanzadas. Estas empresas influyen en las dinámicas globales mediante el desarrollo de estándares tecnológicos y la provisión de servicios esenciales. Su poder plantea desafíos sobre la regulación y el equilibrio entre los intereses privados y públicos (Singer & Friedman, 2014). En este sentido, organizaciones como Anonymous emplean el ciberespacio como una plataforma para promover agendas ideológicas y políticas. Aunque sus acciones suelen justificarse bajo el pretexto de la justicia social, sus actividades pueden ser percibidas como una amenaza para la estabilidad de las redes globales. Y también los grupos criminales y terroristas utilizan el ciberespacio para coordinar actividades ilícitas, desde ataques de ransomware hasta campañas de financiamiento mediante criptomonedas. Estos actores aprovechan la anonimidad y descentralización del ciberespacio para evadir la regulación y la vigilancia estatal (Singer & Friedman, 2014).

En resumen, la interacción entre actores estatales y no estatales plantea retos significativos para la gobernanza del ciberespacio. La cooperación internacional, la regulación eficaz y la creación de normas globales son fundamentales para garantizar un entorno cibernético seguro y equitativo. Sin embargo, las diferencias en los intereses y valores de los diversos actores dificultan la construcción de consensos globales (Riordan, 2018). Dado que gran parte de la infraestructura digital es operada por el sector privado, la colaboración entre gobiernos y empresas es esencial para prevenir ciberamenazas y desarrollar estrategias de ciberseguridad. La ausencia de un marco legal universal para el ciberespacio ha llevado a una fragmentación en las políticas de ciberseguridad y a conflictos jurisdiccionales entre estados. Organismos como las Naciones Unidas han intentado establecer principios comunes, pero las tensiones geopolíticas y las diferencias culturales dificultan su implementación (Kittichaisaree, 2017).

Capítulo 2

Las relaciones entre los Imperios Tecnológicos y los actores Estado ("Imperios Digitales")

Imperios Digitales:

"Mientras los gobiernos autoritarios siguen el ejemplo de China, el creciente descontento con el enfoque de EE.UU. empuja a gran parte del mundo democrático hacia el modelo europeo".

Bradford, A.(2023: 484).

En el siglo XXI, las grandes corporaciones tecnológicas, conocidas como "Imperios Tecnológicos", han emergido como actores con un poder comparable al de muchos Estados. Este capítulo examina las relaciones entre estos gigantes tecnológicos y los gobiernos, analizando las tensiones y colaboraciones que surgen en áreas clave como la regulación, la seguridad nacional y el control de los datos. Estas grandes corporaciones han alcanzado un poder que rivaliza con el de los Estados, convirtiéndose en actores clave en la configuración del panorama geopolítico del ciberespacio. Las empresas tecnológicas, como Meta, Google, Amazon y otras, influyen en las políticas estatales a través de la economía digital y el poder de los datos. Asimismo, se exploran los casos en los que los Estados han establecido alianzas o conflictos con estas corporaciones, incluyendo situaciones de censura, soberanía digital y protección de infraestructuras críticas.

Un aspecto clave es la revisión de los intentos de los Estados por regular las actividades de estas empresas, abordando temas como la competencia desleal, el manejo de la privacidad y la desinformación. Por otro lado, se analiza cómo los Imperios Tecnológicos han influido en los sistemas democráticos y los procesos electorales, desafiando las estructuras tradicionales de poder estatal. Finalmente, es necesario conocer las iniciativas multilaterales que buscan equilibrar el poder entre Estados y corporaciones tecnológicas, promoviendo una gobernanza global del ciberespacio que respete los principios de soberanía y derechos humanos.

LA NUEVA GEOPOLÍTICA DEL PODER DIGITAL

En la actualidad, la geopolítica ha evolucionado para incluir el ciberespacio como un nuevo dominio de poder y control. La digitalización ha transformado la manera en que los Estados y las corporaciones interactúan, creando una nueva dinámica de poder que se extiende más allá de las fronteras físicas. Este apartado explora cómo los Imperios Tecnológicos, el poder de los datos y la interacción entre Estados y corporaciones tecnológicas configuran la geopolítica del ciberespacio. La transformación digital ha provocado una metamorfosis en las dinámicas tradicionales del poder geopolítico. El surgimiento del ciberespacio como un ámbito estratégico para la proyección de poder ha alterado radicalmente las nociones clásicas de soberanía, influencia y control territorial. Hoy en día, la geopolítica no solo se articula sobre el control de territorios físicos, sino también sobre el dominio de infraestructuras digitales, flujos de datos y algoritmos que configuran la conducta social, económica y política global (Eriksson & Giacomello, 2006).

La geopolítica digital representa, entonces, una intersección entre la arquitectura tecnológica global y los intereses estratégicos de los Estados. Se trata de un campo emergente que estudia cómo el poder se manifiesta y disputa a través de plataformas, tecnologías de vigilancia, redes de telecomunicaciones, y —fundamentalmente— los datos. Estas configuraciones han dado paso a nuevos actores geopolíticos no estatales, entre los cuales destacan las grandes empresas tecnológicas, denominadas aquí Imperios Tecnológicos (frente a los Imperios Digitales representados por Estados u organizaciones supranacionales).

Los Imperios Tecnológicos, representados por gigantes tecnológicos como Meta, Google, Amazon, Microsoft, Apple, Tencent, Alibaba, entre otros (Tabla 1) han emergido como actores geopolíticos clave en el siglo XXI. Estas corporaciones controlan plataformas digitales globales que afectan profundamente las economías, democracias y sistemas de información de los países. Según Bradford (2023), estos imperios tecnológicos no solo operan como entidades económicas, sino que también ejercen influencia política y cultural a nivel global debido a su capacidad de determinar las reglas del juego en el entorno digital global, influyendo desde la vida cotidiana hasta las economías y la política mundial. Su poder radica en su capacidad de controlar infraestructura crítica digital, influenciar contenidos culturales y de entretenimiento, gestionar vastas cantidades de datos personales, e influir en decisiones políticas, económicas y sociales. En definitiva, estos gigantes tecnológicos no solo impactan el mercado global, sino que son agentes activos en la redefinición del poder político, económico y cultural del siglo XXI.

Tabla 1. Análisis de los Imperios Tecnológicos

País	Empresa	Características Principales	Influencia Global	Relaciones entre países
EE.UU.	Google (Alphabet)	Búsqueda web, publicidad digital, Android, YouTube, IA	Dominio global en información y publicidad digital	Desarrollo global (India, Europa); Investigación IA en Europa, centros de datos globales.
EE.UU.	Meta Platforms	Redes sociales (Facebook, Instagram), WhatsApp, VR (Quest)	Influencia en comunicación digital global y publicidad	Operaciones en India, Europa e Israel; controversias regulatorias en Europa y Asia.
EE.UU.	Amazon	E-commerce, AWS (nube), Prime Video	Influye en comercio electrónico e infraestructura digital global	Ensamblaje en China; centros logísticos globales; desarrollo tecnológico en India y Europa.
EE.UU.	Apple	Smartphones (iPhone), hardware premium, ecosistema iOS	Líder en consumo tecnológico, innovación, y diseño	Ensamblaje en China, Vietnam e India; componentes (pantallas, chips) de Corea del Sur y Taiwán.

País	Empresa	Características Principales	Influencia Global	Relaciones entre países
EE.UU.	Microsoft	Software, nube (Azure), videojuegos, IA (OpenAI)	Infraestructura tecnológica empresarial global	Desarrollo global, especial relevancia en India, centros de datos en Europa, presencia en China.
EE.UU.	Tesla	Automóviles eléctricos, baterías, IA, energía renovable	Lidera transición energética hacia movilidad sostenible	Fábricas en China, Alemania, México; Litio de Latinoamérica; baterías con proveedores asiáticos.
EE.UU.	Netflix	Plataforma global de streaming audiovisual	Influencia global en consumo audiovisual	Producciones originales en Europa, América Latina, Asia; infraestructura global en la nube.
EE.UU.	NVIDIA	Semiconductores, computación gráfica, IA	Central en la carrera global de IA y supercomputación	Manufactura de chips en Taiwán (TSMC); fuerte dependencia tecnológica de Asia.
CHINA	Alibaba Group	Comercio electrónico, pagos digitales, nube (AliCloud)	Comercio electrónico líder en Asia; influencia creciente global	Exporta productos chinos globalmente; inversiones en Sudeste Asiático, Latinoamérica, Europa.
CHINA	Tencent	Videojuegos, redes sociales (WeChat), servicios financieros digitales	Potencia global en entretenimiento digital y videojuegos	Inversiones en empresas tecnológicas estadounidenses y europeas; expansión en Asia y Occidente.

País	Empresa	Características Principales	Influencia Global	Relaciones entre países
CHINA	ByteDance (TikTok)	Redes sociales basadas en vídeos cortos, algoritmos avanzados de recomendación	Impacto global en tendencias culturales juveniles y digitales	Problemas regulatorios en EE.UU. y Europa; desarrollo global de contenidos (EE.UU., Europa).
CHINA	Baidu	Motor de búsqueda líder en China, IA, vehículos autónomos	Líder digital en China, influencia en IA regional	Colaboración en IA con EE.UU. (antes tensiones), expansión tecnológica limitada internacionalmente.
CHINA	Huawei	Equipos telecomunicaciones, smartphones, tecnología 5G	Influencia global en telecomunicaciones, afectada por tensiones geopolíticas	Restricciones comerciales en EE.UU. y Europa; expansión en África, Asia, Latinoamérica.
COREA	Samsung Electronics	Smartphones, pantallas, semiconductores, electrodomésticos	Presencia clave en cadenas globales de suministro tecnológico	Fábricas en Vietnam, China, India; componentes clave suministrados a Apple, Sony, Tesla.
JAPÓN	Sony	Electrónica de consumo, videojuegos (PlayStation), música y audiovisual	Impacto global en entretenimiento digital	Fábricas y componentes en China, colaboración con EE.UU. y Corea en tecnología audiovisual.
JAPÓN	SoftBank	Inversiones globales en startups tecnológicas, telecomunicaciones	Influencia global como inversor tecnológico clave	Inversiones importantes en EE.UU. (WeWork, Uber), India, Asia, Latinoamérica.
EUROPA	Spotify (Suecia)	Streaming global de música y podcasts	Cambió la forma global de consumir música digital	Expansión global desde Europa; fuerte dependencia de contenidos estadounidenses.

País	Empresa	Características Principales	Influencia Global	Relaciones entre países
EUROPA	SAP (Alemania)	Software empresarial ERP, gestión corporativa	Lidera software empresarial global, con alta relevancia corporativa	Clientes y centros de datos globales; fuerte presencia en EE.UU., Asia.
INDIA	Reliance Industries (Jio)	Telecomunicaciones digitales, comercio electrónico integrado, medios digitales	Referente en transformación digital en Asia y mercados emergentes	Colaboración estratégica con Google, Facebook (Meta) y Microsoft en infraestructura digital.

Como se puede observar en la Tabla 1 la mayor parte de Imperios Tecnológicos se reparten entre EEUU y China, estando Europa escasamente representada. Aunque las relaciones transnacionales de estas empresas evidencian una profunda interdependencia tecnológica global. Por ejemplo, Apple, aunque de capital estadounidense, depende de cadenas de producción en China, Vietnam e India, así como de componentes avanzados de Taiwán y Corea del Sur. Google y Microsoft amplían sus centros de desarrollo tecnológico en India y Europa, aprovechando el talento internacional y diversificando riesgos geopolíticos. O las empresas chinas como Alibaba, Tencent y ByteDance se enfrentan a desafíos regulatorios en Occidente, pero están activas en inversiones globales, especialmente en Asia, África y América Latina. También Huawei ilustra claramente cómo las tensiones geopolíticas (principalmente con EE.UU. y Europa) condicionan su expansión tecnológica internacional. En definitiva, estas relaciones internacionales demuestran cómo las tensiones geopolíticas, la globalización económica y la interdependencia tecnológica son factores clave para entender el poder e influencia global de estos imperios tecnológicos.

Como se ha demostrado a lo largo del siglo XXI, empresas como Alphabet (Google), Meta (Facebook), Amazon, Apple y Microsoft han consolidado su presencia como entidades globales cuyo poder económico, normativo y estructural rivaliza e incluso supera al de muchos Estados. Estas entidades privadas han creado infraestructuras propias —desde centros de datos hasta sistemas operativos y estándares de conectividad— que son esenciales para el funcionamiento de la economía digital mundial (Couldry & Mejias, 2019). La capacidad de estas empresas para recopilar, almacenar y analizar grandes volúmenes de datos les otorga un poder sin precedentes. Este poder se manifiesta en su capacidad para influir en la opinión pública, moldear comportamientos y decisiones políticas, y establecer normas y estándares tecnológicos que otros actores deben seguir. Además, la infraestructura digital que controlan estas corporaciones es esencial para la economía global, lo que les permite ejercer una influencia significativa sobre los mercados y las políticas económicas de los Estados.

Volviendo al concepto de "imperio tecnológico", referido al conjunto de empresas tecnológicas que ejercen soberanía funcional en el ciberespacio, se puede inferir que este poder se manifiesta no solo en términos económicos, sino también en el diseño de marcos normativos de facto, como políticas de moderación de contenido, regulación algorítmica y estructuras de incentivos que influyen directamente sobre las interacciones humanas y sociales (DeNardis, 2014). Así, estas corporaciones han asumido un rol cuasi-estatal, especialmente en dominios tradicionalmente reservados a los gobiernos: identidad digital, infraestructura crítica y regulación de la expresión pública, ya que el poder que ejercen estas empresas puede categorizarse dentro del marco del "poder estructural", es decir, la capacidad para configurar las reglas del juego económico y político más allá del control institucional formal. Las plataformas digitales actúan como árbitros del discurso público, reguladores informales de la competencia y custodios de infraestructuras críticas globales (Van Dijck, 2020).

Además del poder estructural, estas entidades también ejercen un poder normativo mediante la imposición de sus propias políticas de privacidad, criterios de acceso, y condiciones de uso. Tales regulaciones privadas influyen en las libertades individuales y determinan qué contenidos pueden o no circular por las plataformas. Esta capacidad para normar el ciberespacio de forma extraterritorial y sin controles democráticos efectivos representa un desafío para el sistema internacional basado en Estados soberanos (Bradshaw, Millard & Walden, 2011). Así, Bradford (2023) argumenta que el conflicto actual entre Estados y plataformas tecnológicas no es únicamente económico o técnico, sino eminentemente normativo. El Estado pierde poder normativo en el ciberespacio al enfrentarse a empresas capaces de escribir sus propias "constituciones digitales" —términos de servicio, algoritmos, políticas de moderación— que afectan la vida de miles de millones de personas sin intervención legislativa estatal.

En este contexto, los datos se han consolidado como un recurso geopolítico de primer orden. En palabras de Mayer-Schönberger y Cukier (2013), los datos son el "nuevo petróleo", aunque con propiedades más complejas y más poderosas. A diferencia de los recursos naturales, los datos no se agotan, se replican, se procesan y generan externalidades sociales, económicas y políticas a gran escala. Las empresas tecnológicas extraen y procesan grandes volúmenes de datos generados por los usuarios —en muchos casos sin su consentimiento explícito o informado— y los transforman en valor económico mediante procesos algorítmicos de análisis predictivo, inteligencia artificial y segmentación de comportamientos. Esta economía de los datos refuerza el ciclo de acumulación de poder, permitiendo a estas entidades dominar no solo el mercado, sino también las narrativas sociales y los procesos de toma de decisiones (Kitchin, 2014).

Desde una perspectiva geopolítica, esto significa que quien controla los flujos de datos, las infraestructuras de procesamiento y las capacidades de inteligencia artificial, controla en última instancia una parte significativa de la soberanía funcional en el siglo XXI (Morozov, 2011). El auge de estos imperios tecnológicos ha supuesto un reto directo al concepto westfaliano de soberanía. Tradicionalmente, los Estados han ejercido autoridad plena dentro de sus fronteras, incluyendo el control de la información, las infraestructuras críticas y los medios de comunicación. Sin embargo, el carácter transnacional e inmaterial del ciberespacio ha erosionado estas capacidades (Chander & Lê, 2014).

La dependencia de infraestructuras privadas, especialmente servicios en la nube, plataformas de comunicación y sistemas operativos, ha generado situaciones en las que los gobiernos dependen de actores corporativos para ejercer funciones esenciales. Esto limita su capacidad de acción, especialmente en situaciones de emergencia nacional, defensa cibernética o control del discurso público (Carr, 2016). Este fenómeno ha llevado a algunos Estados a desarrollar políticas de "soberanía digital", entendida como la capacidad de controlar el almacenamiento, procesamiento y circulación de datos dentro de su territorio, así como la infraestructura digital que lo permite (Guitton, 2013). Este concepto está en el centro de iniciativas como el Gaia-X europeo o las políticas de localización de datos de países como India, Brasil y Rusia.

En concreto, el concepto de soberanía digital ha cobrado relevancia en Europa como respuesta a la creciente dependencia de infraestructuras digitales y proveedores de servicios en la nube no europeos. Iniciativas como Gaia-X buscan establecer un ecosistema digital que garantice el control europeo sobre los datos y la infraestructura tecnológica, promoviendo así la autonomía digital del continente. Gaia-X es una iniciativa europea que tiene como objetivo desarrollar una infraestructura de datos federada, abierta e interoperable, basada en los valores europeos de transparencia, apertura, protección de datos y seguridad. Esta plataforma busca permitir que los usuarios retengan el control sobre sus datos y cómo se comparten, promoviendo la soberanía digital en el ámbito de la computación en la nube (European Parliament, 2022). El proyecto fue lanzado en 2019 por Alemania y Francia como respuesta a la dominancia de proveedores de servicios en la nube estadounidenses y chinos. Gaia-X pretende establecer estándares comunes para la interoperabilidad y la portabilidad de datos, facilitando un ecosistema donde los datos puedan compartirse de manera segura y conforme a las regulaciones europeas. Pero la soberanía digital en Europa también se refleja en las políticas de localización de datos implementadas por diversos países. Estas políticas buscan asegurar que los datos generados dentro de un país o región se almacenen y procesen localmente, reduciendo la dependencia de infraestructuras extranjeras y protegiendo la privacidad y seguridad de la información (Roberts et al., 2021).

En este sentido y ahondando en la soberanía digital, por ejemplo, el Reglamento General de Protección de Datos (GDPR) de la Unión Europea establece normas estrictas sobre cómo deben manejarse los datos personales, incluyendo restricciones sobre su transferencia fuera del Espacio Económico Europeo. Además, iniciativas como el Reglamento de Gobernanza de Datos (Data Governance Act) buscan fomentar la confianza en el intercambio de datos y establecer mecanismos para su uso responsable. A nivel nacional, países como Alemania y Francia han promovido políticas para fortalecer su infraestructura digital y reducir la dependencia de proveedores no europeos. Estas medidas incluyen inversiones en centros de datos locales y el desarrollo de plataformas nacionales de servicios en la nube que cumplan con los estándares europeos de seguridad y privacidad. En definitiva, la búsqueda de soberanía digital en Europa se manifiesta en proyectos como Gaia-X y en las políticas de localización de datos adoptadas por distintos países. Estas iniciativas reflejan un esfuerzo conjunto por establecer un ecosistema digital que garantice el control europeo sobre los datos y la infraestructura tecnológica, promoviendo la autonomía digital y protegiendo los valores fundamentales de privacidad y seguridad en la era digital.

Yendo más allá de la soberanía digital, Bradford (2023) proporciona un análisis sistemático de los tres regímenes digitales dominantes: el "imperio liberal" de EE.UU., el "imperio autoritario" de China y el "imperio regulador" de la Unión Europea. En su visión, estos modelos están librando una batalla global por establecer el estándar normativo hegemónico del siglo XXI. Por ejemplo, EE.UU., liderado por empresas como Google, Meta o Amazon, se apoya en un enfoque de autorregulación orientado al mercado, centrado en la innovación sin intervención estatal significativa. En contraste, China impone un modelo autoritario, donde el gobierno controla el contenido, la infraestructura y los datos, utilizando el ciberespacio como instrumento de vigilancia social. Y la Unión Europea, por su parte, actúa como regulador normativo, apostando por un modelo basado en derechos fundamentales, privacidad, transparencia y rendición de cuentas tecnológica. La obra de Bradford destaca que esta "tríada imperial" configura no solo el acceso a los mercados digitales, sino también la batalla por la legitimidad normativa en el ciberespacio global.

Siguiendo con este análisis, el modelo liberal estadounidense, que prioriza la autorregulación corporativa, la innovación tecnológica y la libertad de mercado. En este enfoque, el Estado tiene un rol limitado, dejando el gobierno del ciberespacio en manos de las corporaciones. Este modelo ha permitido un crecimiento exponencial de empresas como Google, Amazon y Meta, pero ha generado preocupaciones sobre monopolios, explotación de datos y falta de transparencia (Zuboff, 2019). El Modelo autoritario chino, basado en el control estatal absoluto del entorno digital, censura sistemática y desarrollo de plataformas nacionales. La estrategia china promueve un internet soberano, cerrado al exterior y monitoreado intensamente, donde el gobierno controla no solo el contenido, sino también las infraestructuras subyacentes. Esta visión se ha concretado en el llamado "Gran Cortafuegos" y en iniciativas como el Sistema de Crédito Social (Creemers, 2017). Y el modelo regulador europeo busca un equilibrio entre innovación tecnológica y protección de derechos fundamentales, especialmente en materia de privacidad, competencia y transparencia, por lo que representan intentos de establecer límites jurídicos al poder de las plataformas tecnológicas (Bradford, 2023). Estos modelos no solo reflejan distintas concepciones de libertad y control, sino que además compiten a nivel global por establecer estándares internacionales, fragmentando así el ciberespacio en una suerte de "splinternet" (Mueller, 2017).

La protección de infraestructuras críticas y la ciberseguridad nacional son otras dimensiones donde se visibiliza la interacción entre Estados e Imperios Tecnológicos. Las amenazas cibernéticas —tanto de actores estatales como no estatales— han obligado a los gobiernos a buscar mecanismos de colaboración con el sector privado, especialmente con aquellas empresas que poseen las redes, los sistemas y los datos más sensibles (Nye, 2010). Esta interdependencia se ha traducido en alianzas público-privadas en ciberdefensa, protocolos compartidos de respuesta ante incidentes, y foros multilaterales para el intercambio de información. Sin embargo, esta cooperación plantea también dilemas sobre la subordinación del interés público a intereses privados, y sobre los niveles aceptables de delegación de soberanía digital (Carr, 2016; Dunn Cavelty, 2014).

La geopolítica digital revela una profunda transformación del orden internacional. Los imperios digitales actúan como nuevos centros de poder que desafían la primacía del Estado en ámbitos clave: regulación, seguridad, economía, cultura y soberanía informacional. Esta mutación exige repensar los marcos tradicionales del derecho internacional, las relaciones diplomáticas y la gobernanza de los bienes comunes globales (DeNardis, 2020). Por lo que, en términos de gobernanza digital, Bradford (2022) subraya que no basta con proteger la soberanía nacional, sino que es necesario construir una arquitectura transnacional que combine principios democráticos, derechos humanos y gobernabilidad técnica. La geopolítica digital no es simplemente una competencia entre Estados y corporaciones, sino una lucha por definir el alma normativa del internet global. Y, en última instancia, el equilibrio entre innovación tecnológica, soberanía nacional y protección de derechos fundamentales dependerá de la capacidad de los Estados, las instituciones internacionales y la sociedad civil para construir una arquitectura de gobernanza global que articule con eficacia la autoridad pública, la legitimidad democrática y la responsabilidad tecnológica.

TENSIONES Y COLABORACIONES ENTRE ESTADOS E IMPERIOS TECNOLÓGICOS

El auge de las plataformas digitales transnacionales ha generado una nueva cartografía del poder en la que los Estados y las grandes corporaciones tecnológicas —los denominados Imperios Tecnológicos— coexisten, compiten y colaboran en un entorno normativamente ambiguo. A diferencia de las relaciones clásicas entre sujetos soberanos, estas nuevas interacciones se caracterizan por la superposición de esferas de autoridad: los Estados retienen el monopolio formal de la ley, pero las plataformas ejercen una autoridad efectiva sobre infraestructuras críticas, datos personales, contenidos y relaciones sociales (DeNardis, 2014; van Dijck et al., 2020).

Uno de los principales conflictos entre Estados e imperios tecnológicos gira en torno a la soberanía digital, definida como la capacidad de los gobiernos para ejercer control efectivo sobre la infraestructura, los datos y las normas que rigen el entorno digital dentro de su jurisdicción (Guitton, 2013). A medida que las plataformas han ampliado su poder extraterritorial, los Estados han respondido con políticas orientadas a recuperar el control sobre los flujos de información y los datos generados localmente. Este proceso se refleja en legislaciones como el Reglamento General de Protección de Datos (GDPR en inglés) de la Unión Europea, que establece estándares vinculantes sobre privacidad, consentimiento y portabilidad de datos, aplicables incluso a empresas con sede fuera del continente (Bradford, 2023). El GDPR ha servido como modelo para otras jurisdicciones y se ha convertido en un instrumento geopolítico mediante el cual Europa proyecta poder normativo a escala global (the Brussels Effect, según Bradford, 2023).

Sin embargo, la efectividad de estas medidas está condicionada por la dependencia tecnológica de los Estados respecto a las infraestructuras de las grandes plataformas. El uso de servicios en la nube, sistemas operativos propietarios y algoritmos opacos plantea un dilema: regular sin capacidad técnica o infraestructural para imponer sanciones o supervisión real (Chander & Lê, 2014). La gestión de contenidos en plataformas digitales ha puesto en tensión las competencias estatales en materia de libertad de expresión, seguridad nacional y orden público. Las empresas tecnológicas actúan como "intermediarios normativos" que aplican sus propias políticas de contenido, a menudo basadas en criterios comerciales o reputacionales antes que en normas jurídicas nacionales (Bradshaw, Millard & Walden, 2011).

Este fenómeno se evidencia en las disputas entre gobiernos y plataformas sobre discursos de odio, desinformación o activismo político. Mientras algunos Estados —como India o Turquía— exigen el cumplimiento de normas estrictas sobre contenidos considerados subversivos, muchas empresas apelan a la libertad de expresión como fundamento para no eliminar publicaciones. Esta asimetría ha llevado a situaciones de bloqueo de plataformas, imposición de multas o incluso arresto de directivos por parte de los gobiernos (Dunn Cavelty, 2014). Al mismo tiempo, las decisiones algorítmicas sobre visibilidad, relevancia y viralización de contenidos afectan la esfera pública democrática, sin mecanismos claros de rendición de cuentas. La moderación algorítmica —que combina inteligencia artificial con intervención humana— introduce sesgos sistémicos que pueden amplificar la polarización, invisibilizar voces disidentes o reforzar estereotipos (Zuboff, 2019; Kitchin, 2014).

La coexistencia de regímenes regulatorios divergentes ha generado una creciente fragmentación del ciberespacio, fenómeno conocido como Splinternet. En lugar de una red global y abierta, emergen múltiples "internets" delimitados por fronteras políticas, normativas y culturales (Mueller, 2017). Así, China representa el paradigma de un internet soberano y cerrado, donde plataformas extranjeras como Google, Facebook o Twitter están bloqueadas, y se promueven alternativas locales —como WeChat y Baidu— bajo estricta supervisión estatal. Este modelo combina vigilancia masiva, censura y control algorítmico como pilares de estabilidad política (Creemers, 2017). En contraposición, la Unión Europea, en cambio, ha adoptado una estrategia de regulación proactiva, con iniciativas como el Digital Markets Act y el Digital Services Act, orientadas a frenar los abusos de poder de los gigantes tecnológicos y a proteger derechos fundamentales como la privacidad, la transparencia y la competencia leal (Bradford, 2023). Y Estados Unidos mantiene un enfoque basado en la autorregulación y la innovación, con menor intervención estatal, lo que ha permitido una rápida expansión del sector tecnológico pero ha generado preocupaciones sobre monopolios, vigilancia corporativa y desinformación electoral (Zuboff, 2019; Carr, 2016). Esta pluralidad de marcos normativos incrementa la complejidad operativa para las plataformas globales y tensiona la interoperabilidad técnica, jurídica y ética del internet. Además, plantea el riesgo de una brecha digital normativa, donde los derechos de los usuarios varían drásticamente según la jurisdicción.

A pesar de las tensiones, también se han desarrollado formas de colaboración institucionalizada entre gobiernos y plataformas tecnológicas. Estas alianzas se basan en la necesidad mutua de cooperación para la ciberseguridad, la protección de infraestructuras críticas y la lucha contra amenazas como el terrorismo digital, el ransomware o la interferencia electoral (Nye, 2010; Dunn Cavelty, 2014). Por ejemplo, modelos como el Information Sharing and Analysis Center (ISAC) en EE.UU. o los centros de respuesta a incidentes cibernéticos (CERTs) en la Unión Europea reflejan este esfuerzo conjunto. Sin embargo, estas dinámicas generan preguntas sobre la rendición de cuentas, los límites de la cooperación público-privada y la subordinación de lo público a lo corporativo.

En suma, la relación entre Estados e imperios digitales no puede comprenderse únicamente como una confrontación, sino como un campo de fuerzas en permanente negociación. Los Estados intentan recuperar soberanía mediante leyes, restricciones y nuevas arquitecturas normativas, pero enfrentan a actores que operan con lógicas globales, infraestructuras propias y legitimidad funcional. En este sentido, el reto del siglo XXI consiste en articular modelos de gobernanza digital que combinen eficacia regulatoria, respeto a los derechos fundamentales, innovación tecnológica y responsabilidad democrática. La gobernanza del ciberespacio se ha convertido así en el nuevo teatro de operaciones de la geopolítica global donde los actores principales son los Imperios Tecnológicos (no estatales) y los Imperios Digitales (estatales).

ECONOMÍA DIGITAL Y LA INFLUENCIA POLÍTICA DE LOS IMPERIOS TECNOLÓGICOS

La economía digital ha redefinido las dinámicas del poder global al introducir nuevas formas de acumulación, control y dependencia. Los Imperios Tecnológicos —gigantes tecnológicos como Alphabet, Meta, Amazon, Microsoft y Apple— no solo actúan como actores económicos dominantes, sino que han devenido en agentes políticos con capacidad de modelar decisiones públicas, alterar marcos regulatorios y condicionar el ejercicio democrático (Zuboff, 2019; Bradford, 2023). Su influencia no se limita al mercado; se extiende a la estructura misma de las democracias contemporáneas. A través del control de infraestructuras críticas, la economía de plataformas, el lobbying intensivo y la manipulación de la información, estos actores se posicionan como nuevos centros de poder en la era del capitalismo digital (Van Dijck et al., 2020; Couldry & Mejias, 2019). En este caso, muchos Estados, en particular aquellos con menor capacidad tecnológica propia, han adoptado servicios digitales proporcionados por grandes corporaciones como soluciones "llave en mano" para sus sistemas administrativos, educativos o financieros. Plataformas como Google Workspace, Amazon Web Services (AWS) o Microsoft Azure se han convertido en infraestructuras básicas para el funcionamiento estatal (Kitchin, 2014).

Esta dependencia estructural analizada genera vulnerabilidades críticas: los Estados pierden autonomía tecnológica, enfrentan dificultades para fiscalizar los servicios digitales y se exponen a potenciales cortes o condicionamientos de servicio (Chander & Lê, 2014). A su vez, la extraterritorialidad jurídica de estas empresas, domiciliadas en paraísos fiscales o regímenes laxos, dificulta su regulación efectiva. Una de las estrategias más documentadas de los imperios tecnológicos es la planificación fiscal agresiva, que les permite minimizar el pago de impuestos mediante técnicas de transferencia de beneficios, licencias intangibles y filiales interpuestas. Según el informe de la OECD (2020), empresas como Amazon o Apple han logrado reducir su carga tributaria efectiva a tasas inferiores al 5%, incluso en mercados donde generan miles de millones en ingresos.

Este fenómeno ha sido calificado como una forma de captura regulatoria, en la cual las grandes tecnológicas no solo evitan la redistribución fiscal, sino que imponen agendas legislativas favorables a sus intereses mediante presión política, lobby y acuerdos bilaterales con gobiernos (Bradford, 2023; Zuboff, 2019). Lo que se transforma en un desequilibrio entre poder económico y capacidad fiscalizadora del Estado genera tensiones en la legitimidad democrática y en la justicia distributiva. Además, las grandes plataformas invierten sumas millonarias en actividades de lobby a nivel nacional e internacional. En Estados Unidos, por ejemplo, Google, Meta y Amazon figuran entre los principales contribuyentes a campañas políticas y al financiamiento de think tanks que influyen en la redacción de políticas públicas sobre competencia, privacidad y antimonopolio (Corporate Europe Observatory, 2021). También en la Unión Europea, el gasto en lobby del sector tecnológico supera los 100 millones de euros anuales, lo que convierte a este sector en el más influyente del continente en términos presupuestarios (CEO, 2021). Esta influencia se traduce en acceso privilegiado a legisladores, dilución de regulaciones adversas y frenado de iniciativas antimonopólicas. Estas prácticas han suscitado críticas por parte de organizaciones de la sociedad civil, que denuncian una erosión de la soberanía legislativa y una distorsión de la competencia democrática (Couldry & Mejias, 2019; Morozov, 2013).

En otro orden de cuestiones económicas, el escándalo de Cambridge Analytica puso en evidencia el potencial de los datos personales como herramienta de manipulación electoral. Mediante la minería de datos de millones de perfiles de usuarios de Facebook sin consentimiento informado, la firma logró desarrollar modelos psicográficos de votantes y diseñar campañas de propaganda dirigidas con una precisión sin precedentes (Isaak & Hanna, 2018). Este caso demostró que las plataformas no son simples intermediarios neutrales, sino infraestructuras que pueden ser instrumentalizadas para alterar resultados electorales y modificar la opinión pública (Bradford, 2022). La capacidad de segmentar mensajes según variables emocionales, ideológicas o raciales representa un desafío estructural para la integridad de las democracias contemporáneas (Zuboff, 2019).

Las redes sociales facilitan la difusión rápida y masiva de desinformación, teorías de conspiración y discursos extremistas. Estudios como el del Oxford Internet Institute han documentado el uso sistemático de bots, cuentas falsas y algoritmos de amplificación para manipular narrativas públicas, especialmente en contextos electorales o de crisis sanitaria (Bradshaw & Howard, 2018). El diseño algorítmico de las plataformas —basado en la lógica de la atención y el engagement— tiende a privilegiar contenidos polémicos, emocionales o divisivos, generando cámaras de eco y burbujas ideológicas. Esta dinámica ha sido asociada con la radicalización política, el colapso de consensos sociales y la erosión de la confianza en las instituciones (Morozov, 2011; Van Dijck et al., 2020).

Diversas investigaciones han documentado la intervención de actores estatales —notablemente Rusia— en procesos electorales a través del uso estratégico de plataformas digitales. Estas campañas incluyen la creación de perfiles ficticios, difusión de noticias falsas, explotación de divisiones sociales y promoción de candidatos específicos (Senate Intelligence Committee, 2019). Estas operaciones de guerra de la información no requieren armas tradicionales: se basan en la capacidad de manipular la infraestructura comunicativa que las propias plataformas han creado. Esta forma de interferencia transgrede las fronteras nacionales y representa una amenaza directa a la soberanía democrática.

La economía digital ha consagrado una asimetría estructural entre el poder de los imperios digitales y la capacidad regulatoria de los Estados. A través del dominio de infraestructuras, la explotación masiva de datos, la ingeniería fiscal, el lobby político y la manipulación informativa, estas empresas han adquirido una influencia sin precedentes sobre la vida económica y política global. Frente a ello, los Estados tienen el reto de recuperar la capacidad regulatoria, diseñar sistemas impositivos globales, promover el pluralismo tecnológico y establecer marcos jurídicos que garanticen la transparencia algorítmica y la protección democrática. En los últimos años, organismos internacionales como las Naciones Unidas, la OCDE, el G20 y la UNESCO han promovido declaraciones y principios sobre la gobernanza digital, centrados en la protección de la privacidad, la inclusión digital y la regulación ética de la inteligencia artificial. Ejemplo de ello es la Recomendación de la OCDE sobre Inteligencia Artificial (2019) o la Recomendación sobre la Ética de la IA de la UNESCO (2021).

Sin embargo, muchas de estas iniciativas carecen de fuerza legal vinculante, funcionando como instrumentos de soft law que orientan, pero no obligan a los Estados ni a las corporaciones. Además, los foros multilaterales enfrentan obstáculos estructurales: falta de coordinación intergubernamental, intereses geopolíticos divergentes y presión del lobby corporativo (Bradford, 2023; Carr, 2016). El caso más avanzado de armonización vinculante es el Reglamento General de Protección de Datos (GDPR) de la Unión Europea, que ha establecido un modelo similar en otras regiones y ha servido de base para nuevas leyes en Brasil (LGPD), India, Canadá y Sudáfrica, entre otros. Este enfoque demuestra que es posible articular marcos regulatorios robustos con alcance extraterritorial si existe voluntad política.

Para finalizar con la economía digital y las relaciones geopolíticas entre Imperios, este análisis estaría incompleto sin añadir los datos de la guerra comercial entre Estados Unidos y China que ha evolucionado de un choque arancelario sobre bienes tradicionales a una competencia estratégica centrada en la tecnología y la economía digital. Lo que comenzó con tarifas sobre productos manufacturados se ha ampliado hacia restricciones en semiconductores, dispositivos electrónicos, plataformas digitales y datos, reflejando la creciente rivalidad geopolítica entre ambas potencias. Aquí este fenómeno se puede analizar a través de dos grandes dimensiones, por un lado el impacto en las cadenas de suministro tecnológicas globales —especialmente en sectores clave como semiconductores y hardware— y las consecuencias para las plataformas digitales y servicios en la nube, incluyendo la fragmentación de internet y la pugna entre gigantes tecnológicos de ambos países. Cada sección presenta evidencia y opiniones de fuentes especializadas (prensa económica-tecnológica y think tanks) para comprender cómo esta rivalidad está reconfigurando la economía digital mundial. Para conocer este impacto se ha recurrido a los informes recogidos por think tanks y análisis en prensa debido a la rapidez de los cambios sucedidos en el momento de escribir este apartado, en la parte de bibliografía se pueden ver los enlaces de prensa e informes en los que se basa el análisis siguiente.

La industria tecnológica mundial ha dependido en gran medida de China en las últimas décadas, y la guerra comercial ha puesto de manifiesto esa dependencia al intentar forzar un "desacoplamiento" (decoupling) de las cadenas de valor. La dependencia y vulnerabilidad de las cadenas actuales se puede analizar, antes del conflicto o el recrudecimiento de la guerra comercial, donde China era el eje de fabricación de innumerables productos digitales —desde smartphones hasta servidores— gracias a su escala industrial y costos bajos. Aún hoy, alrededor del 70-80% de los smartphones y dispositivos electrónicos vendidos en Estados Unidos se ensamblan en China, incluyendo aproximadamente el 80% de los iPhones y 80% de los monitores que se comercializan en territorio estadounidense (foreingpolicy.com, 2025). Esta realidad evidencia que, pese a las fricciones comerciales, cortar a China de las cadenas de suministro es una tarea muy difícil a corto plazo, dado el grado de integración alcanzado. Incluso tras varios años de disputa, la participación de China en las importaciones estadounidenses sigue siendo significativa. Por ejemplo, la cuota de China en las importaciones totales de EEUU cayó de ~21% en 2017 a ~13.4% en 2024, pero sigue representando un tercio de las importaciones estadounidenses provenientes de Asia (cuando en 2018 era la mitad) (reuters.com, 2025). Esto sugiere que muchas cadenas productivas se están ajustando (con desvío de producción hacia países terceros como Vietnam, India o México), pero no se han relocalizado completamente.

Gráfico 1. La cuota de China en las importaciones de EE.UU. desde Asia se ha ido reduciendo en los últimos años

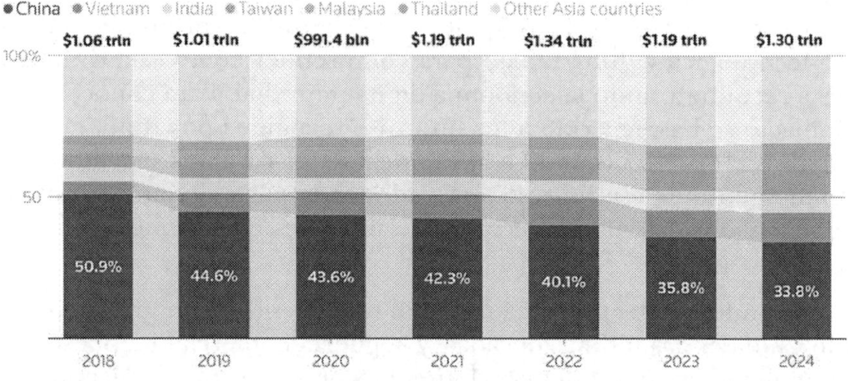

Fuente: reuters.com

Las barras naranjas muestran la porción correspondiente a China, que cae de 50.9% en 2018 a 33.8% en 2024, mientras otros países asiáticos (Vietnam, India, Taiwán, Malasia, Tailandia, etc.) ganan participación. Asimismo, las empresas multinacionales tecnológicas se han visto obligadas a reconfigurar sus cadenas de valor buscando reducir riesgos. Estrategias como la diversificación de la producción —a veces llamada "China+1" o friend-shoring— se han acelerado. Un ejemplo emblemático es Apple ya que, si bien la gran mayoría de sus productos aún se fabrican en China, la compañía comenzó a expandir producción a India (que ensambla ya entre 10% y 15% de los iPhones, con la aspiración de alcanzar 25% en el futuro) y a Vietnam (que ensambla ~20% de iPads y hasta 90% de sus dispositivos wearables). No obstante, China sigue concentrando cerca del 80-90% de la capacidad de producción de Apple para dispositivos clave (abc3340.com, 2025). En resumen, la dependencia industrial acumulada por años no se revierte de la noche a la mañana.

Construir fábricas de semiconductores o ensamblaje en nuevas locaciones lleva tiempo y enormes inversiones —por ejemplo, TSMC (Taiwan) abrió una planta en Arizona, EEUU, pero construir una nueva fábrica y llevarla a plena capacidad llevaría varios años (foreignpolicy.com, 2025), por lo que el reajuste de las cadenas de suministro es un proceso gradual. Pero ¿cuál es el impacto de aranceles y la reubicación de la producción? La administración Trump inició en 2018 una ola de aranceles punitivos sobre productos chinos buscando forzar a las empresas a fabricar fuera de China. En 2023-2025 (considerando un escenario reciente), estos aranceles se elevaron aún más —alcanzando tarifas efectivas de 145% sobre la mayoría de importaciones chinas para 2025— excepto en ciertos electrónicos de consumo que inicialmente fueron exentos, sin embargo, incluso esos sectores han quedado bajo la lupa de "seguridad nacional" en EEUU, insinuando que podrían imponerse aranceles específicos a tecnologías sensibles (smartphones, ordenadores, etc.) dada su fuerte dependencia de la producción china (reuters.com, 2025).

China, por su parte, respondió con sus propios aranceles y no cede a lo que percibe como acoso comercial —Beijing prometió "luchar hasta el final" en esta guerra arancelaria— (reuters.com, 2025). El resultado de todo ello ha sido una erosión del comercio bilateral, ya que el valor del comercio EEUU-China (exportaciones+importaciones) ha caído y se encamina a una posible "desconexión". Algunas estadísticas ilustran esta tendencia: la cuota de China en las importaciones estadounidenses desde Asia bajó casi 8 puntos porcentuales entre 2017 y 2024, indicando que muchas empresas redirigieron sus cadenas hacia países vecinos (Vietnam, India, México, etc.). Sin embargo, la producción china no desapareció sino que, en parte, se reetiquetó vía terceros países —la participación de China en las exportaciones manufactureras mundiales creció ligeramente en ese periodo (de 12.7% a 14.2%)(reuters.com, 2025) lo que sugiere que algunas exportaciones chinas alcanzaban EE.UU. indirectamente a través de otros países. Esto ha llevado a EE.UU. incluso a considerar aranceles amplios a terceros países para evitar la triangulación (por ejemplo, tarifas a productos vietnamitas o indios si contienen insumos chinos), complicando así también las estrategias de empresas como Apple que buscaban refugio en esos países. De hecho, en 2025 se anunció que EE.UU. aplicaría también tarifas significativas a importaciones tecnológicas de India (26%) y Vietnam (46%), no solo de China (54% combinando aranceles previos y nuevos) (abc3340.com, 2025). De esta manera se trastocan los planes de diversificación de las multinacionales. En resumen, los aranceles han encarecido las cadenas existentes y estimulado reubicaciones, pero al costo de tensar las relaciones comerciales globales y potencialmente elevar precios para consumidores.

Los semiconductores y los controles a la exportación ilustran el frente más crítico de esta guerra tecnológica, corazón de la economía digital moderna (desde smartphones hasta inteligencia artificial). EEUU considera que mantener la supremacía en semiconductores avanzados es un asunto de seguridad nacional y ha implementado estrictos controles de exportación para impedir que China obtenga tecnología punta en chips. A partir de octubre de 2022, bajo la administración Biden, EE.UU. impuso controles que prohíben vender a China ciertos semiconductores avanzados, supercomputadoras y sobre todo el equipamiento para fabricar chips de última generación. Estas restricciones se endurecieron en 2023 y 2024, y EE.UU. logró que aliados clave como Países Bajos (ASML), Japón (Tokyo Electron, Nikon, etc.) y otros coordinen restricciones similares, cerrando el acceso chino a maquinaria litográfica extrema y otros precursores vitales. En la primavera de 2025, Estados Unidos (bajo una administración endurecida) amplió aún más el veto, añadiendo decenas de empresas chinas de alta tecnología a listas negras comerciales. Esto busca "frenar las capacidades chinas en IA y supercomputación" impidiéndoles tanto comprar chips avanzados estadounidenses (Nvidia, AMD, etc.) como incluso usar herramientas de diseño (EDA software) o equipos de fabricación de origen occidental. Es, en esencia, un bloqueo tecnológico en toda la cadena de valor de semiconductores. Las implicaciones de estos controles han sido inmediatas. Por un lado, han golpeado el ecosistema de semiconductores en China, provocando escasez de ciertos chips especializados, incremento de precios y despidos de personal calificado en empresas chinas afectadas porque algunos informes indican que estas medidas interrumpieron proyectos de IA en China y dificultaron a fabricantes locales conseguir componentes críticos, validando en parte la eficacia de los controles. Sin embargo, por otro lado, también han motivado una respuesta acelerada de China para lograr la autosuficiencia en este sector estratégico. Beijing ha invertido miles de millones de dólares en subsidios e iniciativas para desarrollar su propia tecnología de chips, desde el diseño hasta la fabricación. Este esfuerzo gubernamental "a toda máquina" ya ha producido logros notables —según CSIS, China ha conseguido algunos avances sorprendentes que podrían incluso "saltar" (leapfrog) la tecnología actual, amenazando en el largo plazo con erosionar la ventaja de EE.UU. Si bien todavía depende de tecnologías occidentales en ciertos eslabones, China está reduciendo brechas: empresas como SMIC han producido chips de 7 nm en pequeñas cantidades (aunque con dificultades), y surgen alternativas chinas para software de diseño y equipamiento fabril ante la imposibilidad de comprar a proveedores líderes de EE.UU., Japón u Holanda. Además, los controles de exportación tienen costos para Occidente. Las empresas estadounidenses y de aliados (como fabricantes de chips o de maquinaria) han perdido un mercado enorme en China, lo que se traduce en miles de millones de dólares en ventas sacrificadas (csis.org, 2025).

Por ejemplo, compañías de equipamiento como Applied Materials, Lam Research o ASML reportaron caídas en ingresos por las restricciones de venta a China. Menos ventas significan también menos ingresos para reinvertir en I+D, potencialmente ralentizando la innovación de estas firmas. Asimismo, al ya no poder operar tan libremente en China, estas empresas pierden visibilidad sobre las tendencias tecnológicas chinas —antes, interactuar con clientes chinos les permitía conocer de cerca los avances locales, algo que ahora ocurre a puerta cerrada. En suma, la "decoupling" tecnológica en chips es un arma de doble filo: dificulta el progreso tecnológico militar de China (objetivo de Washington), pero también altera profundamente la industria global de semiconductores, fragmentándola en dos bloques y perjudicando comercialmente a empresas de ambos lados . No es casualidad que líderes del sector en EE.UU. hayan expresado preocupación por efectos secundarios negativos en la competitividad estadounidense a largo plazo (acf.sais.jhu.edu, 2025).

Por otro lado, China ha utilizado sus propias palancas de poder en las cadenas de suministro, en particular su control sobre materias primas esenciales. Un ejemplo claro son los minerales de tierras raras: China controla alrededor del 70-80% de la producción mundial y cerca del 90% del procesamiento de estas 17 tierras raras indispensables para fabricar imanes, láseres, pantallas y numerosos componentes de alta tecnología. En abril de 2025, Beijing impuso restricciones a la exportación de siete tierras raras estratégicas y productos derivados como imanes permanentes, como represalia a los aranceles y controles de EE.UU. Esto supone un riesgo serio para industrias tecnológicas y de defensa occidentales, ya que sin acceso a estos insumos la producción de motores eléctricos, radares, chips y armamento sofisticado podría resentirse. Estados Unidos reconoce su vulnerabilidad en este frente porque tras décadas de desindustrialización, hoy carece de capacidad doméstica para refinar estas tierras raras a escala (foreignpolicy.com, 2025 y chathamhouse.org, 2025).

China ya demostró en el pasado estar dispuesta a "armar" (weaponize) su dominio en este campo —como cuando suspendió exportaciones de tierras raras a Japón en 2010 durante una disputa territorial (foreignpolicy.com, 2025) y ahora envía una señal parecida a Washington. Think tanks advierten que esto podría dar a Beijing una ventaja estratégica en la competencia a largo plazo por la supremacía tecnológica y militar, si logra obstaculizar la base industrial de alta tecnología de EE.UU. Otra jugada de Beijing fue bloquear exportaciones de materiales clave para semiconductores como el galio y el germanio (metales usados en chips de telecom, láseres, paneles solares y sensores). En 2023, China anunció controles de exportación sobre compuestos de galio y germanio —donde también domina la producción mundial— en aparente respuesta a las restricciones de chips avanzados. Hacia 2024, extendió estas prohibiciones e incluso añadió el antimonio a la lista. Estas acciones "golpean fuerte a las empresas estadounidenses" según análisis de la Johns Hopkins University, y elevan la escalada de contra-medidas(acf.sais.jhu.edu, 2025 y chathamhouse.org, 2025), que combinadas con las políticas de EE.UU., están generando un círculo de represalias que introduce incertidumbre y potenciales interrupciones en cadenas ya tensionadas por la pandemia de COVID-19 y otros shocks recientes. En definitiva, China está dejando claro que también puede causar dolor en las cadenas globales de hardware al restringir elementos insustituibles, lo que añade otra capa de riesgo geopolítico para las empresas que dependen de productos chinos.

Las compañías internacionales, atrapadas entre ambos gobiernos, tratan de mitigar riesgos sin incurrir en costos excesivos. El término "de-risking" (reducción de riesgos) ha sido favorecido incluso por la UE para describir una estrategia de diversificar suministro sin romper totalmente con China. Muchas empresas han optado por relocalizaciones parciales, por ejemplo, fabricantes de electrónica de consumo y PCs (HP, Dell, Samsung) han movido líneas de producción adicionales a países como Vietnam, Tailandia, México o India. Se informa que la IED (inversión extranjera directa) entre EE.UU. también está disminuyendo, sin ir más lejos, en 2023 la posición acumulada de empresas estadounidenses en China cayó a 127.000 millones de dólares y la de China en EEUU a 44.000 millones de dólares, esta última lleva flujos negativos desde 2020, es decir, capital chino saliendo de EEUU. Washington incluso estudia mecanismos para restringir las inversiones estadounidenses en compañías tecnológicas chinas sensibles, buscando evitar transferencias de capital y conocimiento que puedan fortalecer a su rival. En pocas palabras, la guerra comercial ha provocado un replanteamiento integral de las cadenas de suministro tecnológicas, fomentando un "desacoplamiento" geoeconómico. Si bien lograr cadenas totalmente independientes tomará años o décadas, ya se observa una tendencia a reorganizar la producción y las inversiones siguiendo alineamientos geopolíticos (EE.UU. y aliados por un lado, China y su esfera por otro (acf.sais.jhu.edu, 2025 y reuters.com, 2025)

En paralelo al hardware, la esfera digital y de servicios en la nube se ha convertido en otro campo de batalla de la rivalidad geopolítica. Aquí, la disputa se manifiesta en restricciones de acceso a mercados, censura de contenidos, regulaciones de datos y la posible fragmentación de internet, con implicaciones directas para gigantes tecnológicos como Alibaba, Tencent, Amazon, Google o Microsoft.

China ha desarrollado durante años un entorno digital prácticamente cerrado al mundo exterior. El gobierno de Beijing mantiene estrictos controles y censura en internet (el "Gran Cortafuegos") que bloquean a la mayoría de las grandes plataformas occidentales —Google, Facebook, YouTube, Twitter, Instagram, entre otras— impidiéndoles operar en el mercado chino. En la práctica, no existe una ley explícita que prohíba todas las empresas de EE.UU., pero las exigencias de censura y vigilancia son tan altas que resultan incompatibles con el modelo de negocio y valores de estas firmas, forzándolas a salir. Por eso Google y Facebook llevan más de una década excluidos de China (al igual que Twitter, WhatsApp, Netflix, etc.), lo que permitió la proliferación de equivalentes locales: Baidu (buscador), WeChat/Weibo (redes sociales/mensajería) o Alibaba/Taobao (comercio electrónico). Esta autarquía digital obedece a motivos políticos (control de la información) y económicos (proteger y nutrir campeones tecnológicos domésticos). Del lado occidental, históricamente se promovió una internet abierta y global. Sin embargo, conforme la rivalidad iba en aumento, Estados Unidos y otros países comenzaron a restringir la presencia de empresas digitales chinas invocando riesgos de seguridad nacional. Un caso emblemático es Huawei —gigante chino de telecomunicaciones— que fue vetado por EE.UU. (y vetado o limitado en Europa) en el despliegue de redes 5G por temor a espionaje. Además, desde 2020 EE.UU. ha incluido en listas negras a decenas de empresas tech chinas (Huawei, ZTE, Hikvision, etc.), prohibiendo que operen o compren tecnología estadounidenses(businessinsider.com, 2025). China calificó estas medidas de proteccionistas, pero EE.UU. argumenta que son necesarias para evitar que el Partido Comunista Chino acceda a datos sensibles o influya a través de apps extranjeras. El conflicto por el acceso a mercados digitales tuvo un punto álgido con TikTok, la popular aplicación de videos cortos propiedad de la empresa china ByteDance. Dada su enorme base de usuarios en Occidente (más de 170 millones solo en EE.UU.), gobiernos occidentales expresaron preocupación de que datos de ciudadanos o la difusión de contenidos pudieran ser manipulados por Beijing. En 2023-2024, EE.UU. aprobó una ley que obliga a ByteDance a vender TikTok a dueños estadounidenses mayoritarios o, de lo contrario, enfrentarse a la prohibición total de la app en el país. Esa ley —apoyada bipartidistamente— refleja el consenso en Washington de que plataformas chinas masivas representan un riesgo de influencia extranjera. Tras batallas legales, la Casa Blanca fijó plazos (enero y luego abril de 2025) para concretar la venta, extendiendo temporalmente la operación de TikTok (reuters.com, 2025)

Este episodio subraya cómo la seguridad de los datos y la propaganda digital se han vuelto temas centrales: una aplicación de entretenimiento se convirtió en asunto de Estado. Asimismo, otras apps chinas populares están bajo escrutinio; por ejemplo, ByteDance también posee CapCut (editor de video muy usado) y China ha lanzado plataformas de e-commerce como Shein o Temu en Occidente. Voces en EEUU señalan que, dado que la misma ley de TikTok permite vetar cualquier app controlada por "adversarios extranjeros", aplicaciones como CapCut o servicios de compras chinos podrían ser las siguientes en ser bloqueados. De hecho, se argumenta que marketplaces como Shein o Temu —controlados por empresas chinas— "podrían usarse fácilmente para espiar o para propaganda encubierta", justificando su posible prohibición preventiva (brookings. edu, 2025). Occidente está así replicando en parte el enfoque de exclusión que China aplicó primero: creando fronteras digitales nacionales en nombre de la seguridad. Hacia la "splinternet": fragmentación de la red global. Estas tendencias han llevado a muchos analistas a advertir sobre la posible fragmentación de internet. El término "splinternet" describe un escenario donde, en lugar de una Internet mundial única, coexisten múltiples redes separadas por barreras políticas y tecnológicas. Cada bloque geopolítico impondría sus propias reglas, estándares y controles. En efecto, ya vemos emerger un internet chino y un internet occidental (estadounidense) casi desconectados entre sí. Los ciudadanos dentro de China usan un conjunto de aplicaciones, motores de búsqueda y redes locales, bajo supervisión estatal, mientras que fuera de China se usa otro conjunto dominado por empresas de EE.UU. (o en algunos casos, de Europa). Esta bifurcación podría profundizarse a medida que otros países se vean forzados a "elegir" un bando digital (knightcolumbia.org, 2025)

Países aliados a EE.UU. están prohibiendo equipamiento 5G chino y aplicaciones como TikTok, alineándose con la esfera occidental, mientras que naciones más cercanas a China adoptan sus infraestructuras digitales (ej. Huawei en sus redes, o apps chinas) y podrían integrarse más al ecosistema chino. Hay también regiones —notablemente la Unión Europea— que buscan una tercera vía, más regulación de Big Tech americana sin caer bajo control chino, pero aun así la realidad es de una red cada vez más fragmentada. La incompatibilidad de visiones (EE.UU. propugna la libre circulación de información y mínimas trabas comerciales digitales, China defiende la soberanía cibernética y el control estatal de los datos) dificulta enormemente alcanzar estándares comunes globales. Organismos internacionales de internet y foros tecnológicos se están volviendo campos de batalla de influencia, donde China promueve sus normas técnicas y de gobernanza digital (p. ej. estándares propios de seguridad, arquitectura de red, o su concepto de "Comunidad de futuro compartido en el ciberespacio"), mientras EE.UU. y aliados intentan sostener el modelo abierto tradicional (knightcolumbia.org, 2025)

En suma, la geopolítica está superando al ideal de un Internet único, y la economía digital refleja esta división, por un lado, empresas y usuarios pueden verse limitados por su geografía en qué servicios usan o con quién pueden interactuar en línea; y, por otro lado, dentro de este contexto fragmentado, la rivalidad entre las grandes empresas tecnológicas de cada país se ha intensificado, aunque se libra en condiciones asimétricas. Las compañías chinas Alibaba (comercio electrónico, pagos, nube), Tencent (redes sociales, juegos, pagos, nube), Baidu (buscador, IA) o Huawei (telecomunicaciones, servicios en la nube) dominan su enorme mercado interno al estar protegidas de competidores extranjeros. Por su parte, las gigantes estadounidenses Amazon, Google, Microsoft, Apple y Meta/Facebook mantienen la hegemonía en la mayoría de los mercados internacionales, pero están prácticamente ausentes en China. El resultado es que cada grupo reina en su feudo local y compite ferozmente por la conquista de terceros mercados (Sudeste Asiático, India, África, América Latina, etc.). Por ejemplo, Amazon y Alibaba disputan el comercio electrónico en el Sudeste Asiático, invirtiendo en logística y adaptándose a gustos locales; Alphabet/Google y Baidu compiten en desarrollo de IA y servicios en la nube para empresas globales; Huawei (China) y Cisco (EE.UU.) compiten por contratos de infraestructura digital en países en desarrollo. En el terreno de la computación en la nube, Amazon Web Services (AWS), Microsoft Azure y Google Cloud (todos de EE.UU.) juntos acaparan el 65% del mercado global, mientras Alibaba Cloud es el líder en China y cuarto a nivel mundial con cerca del 6-10% de cuota de mercado (reuters.com, 2025).

También Alibaba y Tencent han expandido sus servicios de nube a Asia-Pacífico, Oriente Medio y Europa, pero encuentran reticencias por motivos políticos (p. ej., gobiernos occidentales desconfían de alojar datos sensibles en nubes de proveedores chinos). A la inversa, AWS y Azure operan en China a través de socios locales y bajo severas restricciones —legalmente no pueden manejar datos de chinos desde fuera ni ofertar servicios libremente, lo que limita su crecimiento en ese mercado. Esta compartimentación reduce la presión competitiva directa en cada mercado nacional pero traslada la rivalidad al plano internacional, donde ambas partes pugnan por ganar influencia tecnológica. Iniciativas chinas como la "Ruta de la Seda Digital" buscan ofrecer infraestructura digital (centros de datos, cables, sistemas de pago, plataformas de comercio) en países del Sur Global, consolidando el ecosistema de China allí, mientras EE.UU. promueve alianzas como el "Clean Network" (Red Limpia) que excluye equipos y servicios chinos de las redes de comunicaciones de países aliados (businessinsider.com, 2025). Un aspecto interesante en este sentido es que, pese al clima de desconfianza, subsisten interdependencias en la nube y plataformas. Por ejemplo, se descubrió que entidades estatales chinas han estado utilizando los servicios en la nube de Amazon (AWS) y otras compañías estadounidenses para acceder a capacidades avanzadas de cómputo e inteligencia artificial. Dado que EE.UU. prohíbe exportar hardware de IA (chips) a China, algunas instituciones chinas rentan potencia en la nube de AWS o Azure —a través de intermediarios locales— para aprovechar chips avanzados de Nvidia "virtualmente" sin importarlos físicamente. Legalmente, esto no viola las normas de exportación actuales (que controlan bienes tangibles, no servicios en la nube). Aunque, esta situación paradójica demuestra que, aún en plena rivalidad, las conexiones comerciales digitales son difíciles de cortar de raíz. Las empresas estadounidenses se benefician de clientes chinos demandando sus servicios cloud, y a la vez los actores chinos obtienen acceso (indirecto) a tecnología puntera de EE.UU.

Esto plantea dilemas regulatorios: Washington podría en el futuro cerrar este resquicio legal, lo que aislaría aún más a China en lo tecnológico, pero a costa de sacrificar ingresos de sus empresas y la conectividad global de internet. En definitiva, en el dominio de las plataformas digitales y la nube, la guerra comercial ha acelerado una polarización del ecosistema digital global. Cada superpotencia promueve sus propias empresas y regula para limitar a las del rival, creando barreras digitales. Los usuarios y empresas internacionales se ven en medio de esta contienda: por un lado, enfrentan restricciones (por ejemplo, una empresa no puede usar libremente TikTok para marketing en EE.UU. o Facebook en China); por otro, pueden tener que duplicar infraestructuras (por ejemplo, desarrollar aplicaciones distintas para cumplir regulaciones de cada bloque, o contratar servicios cloud de ambos bandos para distintos mercados). La competencia entre Alibaba/Tencent y Amazon/Google ya no se decide solo por eficiencia o innovación, sino también por decisiones gubernamentales que les abren o cierran mercados. Esto representa una "balcanización" de la economía digital, donde la ubicación geopolítica define qué tecnología se usa.

La guerra comercial entre EE.UU. y China se ha transformado en una contienda geopolítica por la primacía tecnológica que impacta profundamente la economía digital global. En las cadenas de suministro de hardware, estamos viendo el inicio de un desacoplamiento selectivo: EE.UU. y sus aliados buscan reducir la dependencia de manufactura y componentes chinos en sectores críticos (chips, telecomunicaciones, inteligencia artificial), mientras China responde reforzando su autonomía y usando sus ventajas (minerales críticos, enorme mercado interno) para contraatacar. Si bien completamente reorientar estas cadenas llevará muchos años y conlleva costes elevados, ya se aprecia una reconfiguración donde consideraciones de seguridad nacional pesan tanto como las económicas. En el ámbito de las plataformas digitales y servicios en la nube, la consecuencia es una internet cada vez más fracturada por fronteras nacionales. Las restricciones recíprocas de acceso —China bloqueando plataformas occidentales, y Occidente restringiendo apps y equipos chinos— están dando forma a ecosistemas digitales paralelos.

El concepto de una red global libre está bajo amenaza, sustituyéndose por una "splinternet" bipolar dominada por las esferas de EE.UU. y China. Ello podría sofocar la colaboración global en innovación y crear incompatibilidades tecnológicas entre países. Desde una perspectiva geopolítica, esta pugna tecnológica refleja una competencia por el poder económico y militar del siglo XXI. La nación que lidere en semiconductores avanzados, computación en nube, inteligencia artificial y plataformas globales tendrá no solo ventajas comerciales, sino también estratégicas (defensa, inteligencia, influencia cultural). Por eso ambos gobiernos han estado dispuestos a sacrificar eficiencia económica en pos de objetivos estratégicos mayores. La guerra comercial ha trascendido lo comercial: es ahora un conflicto sistémico por la supremacía digital. Para el resto del mundo, el reto será navegar esta división sin quedar atrapado en ella. Muchos países intentan diversificar sus socios tecnológicos ("de-risking") y evitar una lealtad exclusiva a uno u otro bando, pero la presión para alinearse aumenta.

En cuanto a las empresas, deberán adaptarse a un entorno donde cumplir con dobles estándares regulatorios será la norma —por ejemplo, diferentes reglas de datos y contenido en cada región— y donde las cadenas de valor tecnológicas serán menos globalizadas. En conclusión, la guerra comercial EE.UU.-China ha desencadenado cambios de largo alcance en la economía digital porque está redibujando las redes de producción de tecnología y partiendo el ciberespacio global en bloques, con implicaciones económicas y políticas que perdurarán en las próximas décadas. Los esfuerzos diplomáticos futuros podrían intentar prevenir una brecha irreconciliable, pero por ahora la tendencia apunta a una mayor rivalidad y desvinculación tecnológica antes que a una reconciliación. El mundo observa cómo las dos superpotencias definen las nuevas reglas del juego digital, en una era donde el dominio de la tecnología equivale a influencia geopolítica. Las decisiones que tomen no solo afectarán a sus propias economías, sino que moldearán el futuro de Internet y de la innovación global.

GOBERNANZA GLOBAL Y RESISTENCIA: ALTERNATIVAS FRENTE AL PODER DIGITAL

El crecimiento exponencial de los imperios tecnológicos ha generado una crisis de gobernanza a nivel internacional. Aunque los Estados intentan recuperar soberanía mediante legislaciones nacionales, el carácter transnacional de las plataformas digitales exige mecanismos de regulación global coordinada. En ausencia de una autoridad supranacional eficaz para regular los flujos de datos, los estándares algorítmicos y los derechos digitales, se abre un vacío normativo que los gigantes tecnológicos han ocupado con marcos contractuales privados y prácticas unilaterales (DeNardis, 2020; Mueller, 2017). Frente a este escenario, han emergido propuestas multilaterales, iniciativas de justicia digital y movimientos sociales que buscan construir una arquitectura alternativa basada en derechos humanos, justicia redistributiva y soberanía tecnológica.

La resistencia al dominio de los imperios digitales no solo pasa por la regulación, sino también por la construcción de soberanía tecnológica. Esto implica desarrollar infraestructuras propias (centros de datos, nubes públicas, sistemas operativos nacionales), fomentar capacidades de innovación local y reducir la dependencia estructural de plataformas extranjeras (Chander & Lê, 2014; Dunn Cavelty, 2014). Algunos ejemplos incluyen el proyecto Gaia-X en Europa —que busca crear una infraestructura de datos soberana y federada y del que ya se ha hablado— o la estrategia digital de la India con su iniciativa India Stack, que proporciona identidad digital, pagos electrónicos y servicios públicos interoperables sin depender de grandes corporaciones extranjeras. En América Latina, países como Brasil, Argentina o México han explorado la creación de repositorios públicos de datos, redes comunitarias y legislación de neutralidad tecnológica, aunque con resultados desiguales debido a las limitaciones económicas y técnicas.

Desde la sociedad civil han emergido numerosos movimientos que cuestionan la opacidad algorítmica, la discriminación automatizada y la vigilancia masiva. Organizaciones como *AlgorithmWatch*, *Access Now*, *Data & Society* o *AI Now Institute* denuncian las desigualdades estructurales amplificadas por la inteligencia artificial y exigen mecanismos de transparencia, auditoría externa y responsabilidad ética. Estos movimientos han impulsado debates sobre justicia algorítmica, entendida como la exigencia de equidad, no discriminación y participación democrática en el diseño, implementación y supervisión de sistemas automatizados (Eubanks, 2018; Benjamin, 2019). Reclaman que la IA no sea solo eficiente, sino también justa, explicable y controlable. Asimismo, los movimientos antirracistas, feministas y decoloniales han denunciado el sesgo estructural de los algoritmos y su impacto en comunidades vulnerables, mostrando que la inteligencia artificial no es neutra, sino que reproduce y amplifica desigualdades sociales existentes (Noble, 2018; Couldry & Mejias, 2019).

Frente al extractivismo digital corporativo, también han surgido alternativas tecnopolíticas basadas en la cooperación, la descentralización y la soberanía comunitaria. Estas experiencias se articulan en torno a plataformas cooperativas (*platform cooperativism*), tecnologías libres, redes comunitarias de telecomunicaciones y proyectos de *data commons*. El proyecto Guifi.net (cuyo principal objetivo es descentralizar y democratizar el acceso a Internet, creando una infraestructura de red gestionada de manera colectiva por sus usuarios) en España constituye una red de telecomunicaciones gestionada por una comunidad de usuarios en base a principios de neutralidad, apertura y sostenibilidad. También iniciativas como Open Collective y Fairbnb proponen modelos de economía digital donde el valor creado por los usuarios se redistribuye de forma equitativa y transparente. O la idea de soberanía de datos indígenas, promovida por comunidades originarias en Canadá y Nueva Zelanda, plantea que los datos sobre los pueblos no pueden ser recolectados, almacenados ni utilizados sin su consentimiento libre, previo e informado. En suma, estas propuestas tecnopolíticas reconfiguran la noción de gobernanza desde abajo, desafiando el monopolio corporativo y estatal sobre la infraestructura digital, y recuperando el control comunitario sobre los datos, la conectividad y la tecnología.

La construcción de una gobernanza digital democrática, equitativa y sostenible requiere ir más allá de la mera regulación nacional o la autorregulación corporativa. Implica un nuevo pacto digital global basado en principios de justicia social, soberanía tecnológica, derechos digitales y cooperación internacional. Este pacto debería reconocer la pluralidad de visiones sobre la tecnología, garantizar la participación efectiva de los pueblos y comunidades, e incorporar mecanismos robustos de rendición de cuentas para las grandes plataformas. Como sostiene Bradford (2023), la lucha actual no es solo por el control económico del ciberespacio, sino por el alma normativa del mundo digital.

Capítulo 3
El mundo en conflicto: la ciberguerra

Bitskrieg:
"El último desafío es pensar de nuevo el mundo y cómo vivimos, amamos, trabajamos y luchamos en él".

ARQUILLA, H.(2022: 165).

EL CIBERESPACIO COMO DOMINIO GEOPOLÍTICO

El ciberespacio ha emergido como un nuevo dominio estratégico, comparable en relevancia al aire, la tierra, el mar y el espacio exterior. Sin fronteras físicas, su control se convierte en una lucha de capacidades tecnológicas, normativas y de influencia. Este entorno, compuesto por redes digitales interconectadas, se ha convertido en un terreno fértil para la proyección de poder, el espionaje y los conflictos encubiertos. La geopolítica del ciberespacio no solo involucra Estados, sino también corporaciones, grupos hacktivistas, organizaciones criminales y actores híbridos. Los Estados han comprendido que dominar este entorno significa controlar flujos de información, infraestructura crítica, y, en muchos casos, la percepción pública. La soberanía digital se ha convertido en un componente esencial de la soberanía nacional. En este contexto, emergen tensiones geopolíticas entre potencias como Estados Unidos, China y Rusia, quienes buscan establecer sus propias reglas del juego. Asimismo, organizaciones regionales como la OTAN y la Unión Europea han desarrollado políticas de ciberdefensa colectiva, reafirmando el carácter interestatal de los conflictos digitales. La cibergeopolítica, entonces, no solo se trata de seguridad, sino de control, influencia y poder en la era de la hiperconectividad.

En la actualidad, el ciberespacio se ha constituido como un nuevo dominio estratégico en el sistema internacional, dotado de una relevancia comparable al de los dominios tradicionales como la tierra, el mar, el aire y el espacio ultraterrestre. Su principal característica —la ausencia de fronteras físicas— ha propiciado una reconfiguración profunda de las dinámicas de poder global, transformando radicalmente las nociones tradicionales de soberanía, seguridad y conflicto interestatal (Libicki, 2007; Nye, 2010).

El ciberespacio, entendido como un entramado global de redes digitales interconectadas, no solo constituye un medio para la comunicación y la transmisión de datos, sino también un entorno estratégico para la proyección de poder, la vigilancia, el espionaje, la propaganda y, más recientemente, el conflicto armado. En este sentido, su control se ha convertido en una lucha multifacética que incluye el dominio tecnológico, la influencia normativa y el control de la información (y de los datos) (Betz & Stevens, 2013). En la geopolítica contemporánea, los actores estatales han entendido que la supremacía en este entorno equivale a la capacidad de moldear flujos de información, proteger o comprometer infraestructuras críticas y, sobre todo, influir en la percepción pública. De hecho, la soberanía digital —el control sobre los datos, redes e infraestructuras nacionales— ha emergido como una dimensión clave de la soberanía nacional (Choucri & Clark, 2019).

Además de los Estados, una pluralidad de actores no estatales como grandes corporaciones tecnológicas, grupos hacktivistas, organizaciones criminales transnacionales y actores híbridos desempeñan un papel significativo en la configuración del equilibrio de poder digital (Carr, 2016; Rid, 2020). Esto ha convertido al ciberespacio en un terreno fértil para relaciones de poder asimétricas, donde el tamaño o poder militar tradicional de un actor no necesariamente se traduce en superioridad cibernética.

ESTRATEGIAS DE CIBERDEFENSA

La ciberdefensa ha adquirido una relevancia estratégica sin precedentes en las doctrinas de seguridad nacional de los Estados modernos. En un contexto caracterizado por la interdependencia digital y el aumento exponencial de amenazas en el ciberespacio, los gobiernos se han visto obligados a reformular sus estructuras defensivas tradicionales para incluir el ciberespacio como un dominio autónomo de operaciones militares y de seguridad (Libicki, 2007; Nye, 2010).

La defensa cibernética ya no es un campo exclusivo del ámbito técnico o informático, sino una dimensión central de la política de defensa y relaciones internacionales. Los ciberataques a infraestructuras críticas, las campañas de desinformación y las operaciones de espionaje digital representan riesgos que comprometen no solo la integridad de los sistemas informáticos, sino también la estabilidad política, económica y social de los Estados (Clarke & Knake, 2012). En este sentido, los países han desarrollado estrategias nacionales de ciberdefensa que combinan aspectos normativos, tecnológicos, organizacionales y diplomáticos, configurando un enfoque multidimensional que apunta tanto a la disuasión como a la respuesta activa ante amenazas digitales (Kello, 2017; Maurer, 2018).

La arquitectura institucional de la ciberdefensa varía significativamente entre Estados, en función de factores como la cultura estratégica, el grado de desarrollo digital y la estructura del sistema político. Sin embargo, pueden identificarse dos modelos predominantes: el modelo centralizado y el modelo híbrido. El modelo centralizado está caracterizado por la concentración del poder decisorio y operativo en agencias militares o de inteligencia. Este enfoque, adoptado por países como China y Rusia, otorga un rol protagonista a las fuerzas armadas y privilegia el secretismo, la verticalidad jerárquica y la soberanía informativa (Inkster, 2016). Por otro lado, el modelo híbrido —presente en países como Estados Unidos, Estonia o Francia— se basa en la cooperación intersectorial, combinando recursos del ámbito militar, civil, académico y privado. Este enfoque refleja una mayor transparencia institucional y facilita la innovación mediante la colaboración público-privada (Carr, 2016; Betz & Stevens, 2013). Ambos modelos presentan fortalezas y debilidades. Mientras el modelo centralizado permite una respuesta más rápida y coordinada, puede carecer de flexibilidad e innovación. El modelo híbrido, en cambio, favorece la resiliencia y la adaptabilidad, pero enfrenta desafíos en términos de coordinación y gobernanza multinivel (Maurer, 2018). A continuación, se presentan algunos modelos:

a) Estados Unidos: el gobierno estadounidense ha desarrollado una de las infraestructuras de ciberdefensa más sofisticadas del mundo. El United States Cyber Command (USCYBERCOM), creado en 2009, coordina las operaciones ofensivas y defensivas en el ciberespacio, en estrecha colaboración con la Agencia de Seguridad Nacional (NSA). Esta arquitectura centralizada se complementa con el Departamento de Seguridad Nacional (DHS), responsable de la protección de infraestructuras críticas (Nakasone, 2019; Nye, 2010).

b) China ha integrado sus capacidades cibernéticas, espaciales y de inteligencia electrónica en la Strategic Support Force (SSF) del Ejército Popular de Liberación. Este cuerpo centralizado permite al Estado proyectar poder digital, controlar flujos de información internos y ejecutar operaciones de guerra electrónica. El enfoque chino enfatiza la soberanía informativa, la defensa preventiva y el uso del ciberespacio como herramienta de proyección geoestratégica (Giles, 2016; Kello, 2017).

c) Estonia: tras ser víctima de un masivo ciberataque en 2007, Estonia ha emergido como un referente en ciberresiliencia. Su modelo híbrido incluye el Estonian Information System Authority, la participación del sector académico y el desarrollo de una ciudadanía digital activa. Estonia también acoge el Centro de Excelencia en Ciberdefensa Cooperativa de la OTAN (CCDCOE), símbolo de la importancia geopolítica del país en ciberseguridad (Ottis, 2008; NATO CCDCOE, 2020).

d) Francia: el Comando de Defensa Cibernética (COMCYBER), creado en 2017, lidera las capacidades de defensa y respuesta ante ciberamenazas en Francia. Este organismo se integra con la Agencia Nacional de Seguridad de los Sistemas de Información (ANSSI) y trabaja con universidades e industria en desarrollo de capacidades duales civiles-militares (Maurer, 2018; Ministère des Armées, 2020).

e) Israel: Israel ha desarrollado una arquitectura de ciberdefensa centrada en la Unidad 8200, una de las agencias de inteligencia más avanzadas del mundo. Esta unidad ha contribuido al desarrollo de tecnologías innovadoras y ha formado la base de un ecosistema emprendedor en ciberseguridad. El caso de Israel ilustra cómo las capacidades militares pueden alimentar la innovación tecnológica civil y viceversa (Zetter, 2014; Singer & Friedman, 2014).

A pesar de las diferencias estructurales, los Estados comparten una serie de componentes clave en sus estrategias de ciberdefensa como son el desarrollo de marcos normativos nacionales: todos los países mencionados han elaborado estrategias nacionales de ciberseguridad que definen objetivos, responsabilidades y prioridades (Maurer, 2018), los ejercicios de simulación (ciberrangos), donde actividades como “Locked Shields” (OTAN) o “Cyber Storm” (EE. UU.) permiten ensayar respuestas ante ciberincidentes y mejorar la coordinación interinstitucional (NATO CCDCOE, 2020); la capacitación y concienciación a través de programas educativos, certificaciones profesionales y centros de excelencia buscan generar una fuerza laboral cualificada para hacer frente a los desafíos cibernéticos; y la colaboración con el sector privado, la mayoría de infraestructuras críticas son propiedad de empresas, lo que hace indispensable la cooperación público-privada en áreas como detección de amenazas, respuesta a incidentes y desarrollo tecnológico (Clarke & Knake, 2012).

Por otro lado, en las estrategias de ciberdefensa, la ciberseguridad ha emergido como un vector fundamental de la diplomacia internacional. Las alianzas estratégicas, la cooperación entre agencias de inteligencia y la estandarización de protocolos se han convertido en herramientas clave para fortalecer la ciberdefensa colectiva. En este sentido, organismos multilaterales como la OTAN, la Unión Europea y las Naciones Unidas han promovido iniciativas para establecer normas de comportamiento responsable en el ciberespacio, aunque sin lograr todavía un consenso global vinculante (Schmitt, 2017; UN GGE, 2015). Un ejemplo es el Tallinn Manual, que ha contribuido a establecer principios sobre el uso legítimo de la fuerza en el ciberespacio, aunque siguen existiendo discrepancias entre modelos regulatorios occidentales y euroasiáticos (Kello, 2017).

Pese a los avances en materia de ciberdefensa, los Estados se enfrentan múltiples desafíos relacionados con la falta de coordinación ya que las estructuras híbridas requieren una articulación efectiva entre múltiples actores institucionales, lo que puede generar conflictos de competencias o duplicación de esfuerzos; la escasez de talento, debido a que existe un déficit global de profesionales altamente cualificados en ciberseguridad, lo que limita la capacidad operativa de muchas agencias (Libicki, 2007); la obsolescencia tecnológica por la rápida evolución del entorno digital con la exigencia de una constante actualización de herramientas, procedimientos y doctrinas operativas; el problema de la atribución de ataques, ya que identificar con certeza a los autores de un ciberataque sigue siendo un reto técnico, jurídico y diplomático, complicando así la disuasión efectiva.

Las estrategias estatales de ciberdefensa representan la respuesta institucional y estratégica a uno de los mayores desafíos del siglo XXI. Si bien existen múltiples modelos, todos convergen en la necesidad de un enfoque integral, que combine capacidades técnicas, normativas y diplomáticas. El fortalecimiento de la ciberdefensa requiere no solo inversión en tecnología y recursos humanos, sino también la creación de espacios de cooperación internacional y gobernanza común que permitan afrontar amenazas compartidas en un entorno interdependiente y cambiante.

DOCTRINA EN LA CIBERGUERRA: DE LA DISUASIÓN A LA OFENSIVA ACTIVA

La militarización del ciberespacio representa uno de los cambios más trascendentales en las doctrinas de defensa del siglo XXI. La emergencia de ciberejércitos, entendidos como unidades militares especializadas en operaciones en el entorno digital, ha reformulado las lógicas del conflicto interestatal, introduciendo nuevas asimetrías estratégicas, mecanismos de disuasión y dimensiones de poder (Libicki, 2007; Kello, 2017). A diferencia de los dominios tradicionales —tierra, mar, aire y espacio—, el ciberespacio es descentralizado, efímero y difícilmente atribuible. Esto permite a los Estados proyectar poder sin incurrir necesariamente en confrontaciones abiertas o violaciones claras del derecho internacional, lo que hace del ciberespacio un terreno fértil para acciones militares encubiertas, espionaje y sabotaje (Rid, 2020; Lindsay, 2013).

Los ciberejércitos son unidades organizadas y jerarquizadas que operan bajo las estructuras formales de defensa, aunque con dinámicas propias. Su función no se limita a la defensa pasiva, sino que incluye la Ciberofensiva táctica y estratégica con ataques a redes enemigas, sistemas de comando y control, sabotaje digital; la Ciberinteligencia y vigilancia con la interceptación de comunicaciones, análisis de tráfico, infiltración de redes; la Ciberseguridad y protección nacional con la defensa de infraestructuras críticas militares y civiles; y la guerra electrónica e informacional a través de la integración de capacidades cibernéticas con operaciones psicológicas y guerra de narrativas (Giles, 2016; Taddeo, 2021).

La doctrina de estos cibercuerpos varía según el país, pero en general están subordinados a mandos conjuntos y responden a la lógica de la interoperabilidad con otras fuerzas armadas. La ciberdefensa ya no es un anexo técnico, sino una dimensión estratégica integrada al planeamiento militar (Maurer, 2018). Algunos ejemplos de la integración de doctrinas señaladas son:

a) Estados Unidos – USCYBERCOM: El United States Cyber Command (USCYBERCOM) fue establecido en 2009 y elevado al estatus de comando unificado en 2018. Bajo el liderazgo del general Paul Nakasone, su misión incluye defensa cibernética de redes militares, operaciones ofensivas y la ejecución de la estrategia "Defend Forward" (Nakasone, 2019). Trabaja en estrecha coordinación con la NSA y tiene capacidad para realizar operaciones globales.

b) China – Strategic Support Force (SSF): La SSF es una rama del Ejército Popular de Liberación creada en 2015. Integra capacidades espaciales, cibernéticas, electrónicas y de inteligencia. Su enfoque doctrinario se basa en la guerra informacional y la protección del "ciberespacio soberano" frente a interferencias externas (Inkster, 2016; Kostka, 2019).

c) Israel – Unidad 8200: Unidad élite de inteligencia cibernética del Aman (inteligencia militar israelí). Responsable de numerosas operaciones de vigilancia y ciberofensiva, ha estado asociada a desarrollos como Stuxnet. Además, ha sido semillero de startups y de personal especializado en ciberseguridad a nivel global (Zetter, 2014).

d) Corea del Sur – Cyber Operations Command: establecido tras el ciberataque norcoreano de 2009, el Cyber Operations Command responde al Ministerio de Defensa. Su enfoque se centra en proteger la infraestructura nacional y llevar a cabo actividades ofensivas contra amenazas del norte (Cha & Katz, 2013).

e) Francia – COMCYBER: El Commandement de la Cyberdéfense (COMCYBER) se formalizó en 2017 como una entidad integrada al Ministerio de Defensa. Coordina defensa cibernética militar, incidentes en infraestructuras críticas y cooperación con agencias civiles y europeas (Ministère des Armées, 2020).

Uno de los desafíos fundamentales de los ciberejércitos es la adquisición y retención de talento humano altamente capacitado. La demanda de expertos en criptografía, ingeniería inversa, análisis forense y técnicas de explotación supera ampliamente la oferta, lo que ha llevado a los Estados a implementar estrategias de reclutamiento con estrategias como programas universitarios militares en EE.UU. y Europa, concursos de hacking ético como CyberPatriot o Hack The Box, incentivos económicos y becas para atraer profesionales del sector privado o la integración de reservistas cibernéticos, como ocurre en Estonia y Francia (Valeriano & Maness, 2015).

Además, algunos Estados promueven la colaboración con el sector tecnológico civil, donde se encuentra gran parte del talento necesario para las operaciones ofensivas y defensivas. Las capacidades operativas de los ciberejércitos abarcan un amplio espectro técnico y estratégico. Entre las más destacadas se incluyen las operaciones encubiertas en redes enemigas mediante el uso de exploits de día cero, backdoors y malware personalizado (Rid, 2020); la manipulación y desinformación a través de bots, falsificación de documentos digitales, y campañas de influencia en redes sociales (Giles, 2016); la interceptación de comunicaciones utilizando técnicas de MITM (man-in-the-middle) y explotación de protocolos inseguros; la integración con guerra electrónica al interrumpir frecuencias, jammeo de señales GPS y ataques a sistemas satelitales (Maurer, 2018). Estas capacidades no solo permiten disuadir al adversario, sino también influir en el curso de un conflicto sin necesidad de recurrir a confrontación armada directa.

La existencia de ciberejércitos plantea desafíos de gobernanza y legitimidad democrática. Tres aspectos clave destacan en cuanto a la opacidad institucional, muchas operaciones son clasificadas y escapan al control parlamentario o judicial; los problemas de atribución, ya que la dificultad para determinar con certeza la autoría de un ataque reduce la posibilidad de supervisión y rendición de cuentas; y los límites legales y éticos, donde la ejecución de operaciones ofensivas fuera del marco de guerra formal puede contradecir principios del derecho internacional (Schmitt, 2017). Así, en democracias liberales, estos problemas exigen el desarrollo de marcos normativos que garanticen la transparencia sin comprometer la seguridad nacional, así como mecanismos de supervisión civil robustos, ya que los ciberejércitos constituyen una manifestación concreta de la militarización del ciberespacio y una respuesta estratégica a las amenazas emergentes en el entorno digital. En concreto, su propia existencia transforma la naturaleza de la guerra, al desplazarla hacia terrenos invisibles, ambiguos y continuos.

No obstante, la expansión de los ciberejércitos sin marcos normativos claros puede socavar la estabilidad internacional. La falta de regulación, sumada a la dificultad de atribución y la proliferación de capacidades ofensivas, incrementa el riesgo de conflictos por error de cálculo, escalamiento no intencionado y operaciones encubiertas. Por ello, resulta urgente avanzar hacia una gobernanza global del ciberconflicto, que combine normas, transparencia y cooperación interestatal, con el fin de evitar una carrera armamentística digital sin control y preservar la seguridad colectiva.

LAS CIBERARMAS

El concepto de ciberarma ha generado intensos debates en el ámbito académico, legal y estratégico. A diferencia de las armas convencionales, las ciberarmas no destruyen físicamente, sino que afectan la disponibilidad, integridad o confidencialidad de sistemas digitales críticos. Esto las convierte en herramientas eficaces para el sabotaje, la disuasión, la inteligencia o incluso el daño estructural indirecto (Kello, 2017; Libicki, 2007).

Una ciberarma puede definirse como un conjunto de capacidades técnicas que, desplegadas en el ciberespacio, causan efectos disruptivos o destructivos deliberados sobre sistemas de información, infraestructuras digitales u objetivos físicos mediados digitalmente (Schmitt, 2017). Sus características distintivas incluyen la latencia y activación remota: pueden mantenerse inactivas por largos periodos; la no detectabilidad inicial: aprovechan vulnerabilidades desconocidas (zero-days), la reutilización y adaptabilidad (pueden ser rediseñadas, copiadas o mejoradas), la ambigüedad jurídica en la que se mueve su uso y fabricación, ya que no está regulado por tratados internacionales vinculantes.

Las ciberarmas pueden clasificarse técnicamente en función de su modo de acción. Esta clasificación permite comprender mejor los tipos de amenaza y su potencial de daño. Entre estos tipos se encuentran: el Malware genérico (malicious software), código diseñado para infiltrarse, controlar o dañar sistemas informáticos. Incluye troyanos, gusanos y rootkits (Skoudis & Zeltser, 2003); el Ransomware, tipo de malware que cifra archivos y exige un rescate para liberarlos (ha sido utilizado tanto con fines lucrativos como en campañas de desestabilización) (Europol, 2020); los Exploit kits y zero-days, herramientas que explotan vulnerabilidades no documentadas por los fabricantes (constituyen una de las armas más valiosas en arsenales digitales); los Ataques de Denegación de Servicio Distribuida (DDoS), que saturan los recursos de un sistema para interrumpir su funcionamiento y pueden ser masivos (terabits por segundo) y afectar infraestructuras críticas; Wipers, diseñados para borrar datos de forma irreversible, como ocurrió con Shamoon o WhisperGate. Cada tipo de arma tiene distintos niveles de sofisticación, potencial de escalabilidad y dificultad de atribución, lo que influye directamente en su valor estratégico.

El estudio de algunos casos emblemáticos y ya casi clásicos puede ilustrar el poder ofensivo de las ciberarmas. Stuxnet fue la primera ciberarma conocida que causó efectos físicos destructivos. Infectó los sistemas SCADA de la planta de enriquecimiento de uranio en

Natanz, Irán, haciendo girar las centrifugadoras a velocidades dañinas sin ser detectado. Fue diseñado con extrema precisión para su entorno objetivo (Zetter, 2014). Flame fue considerado uno de los programas espía más complejos jamás descubiertos, Flame recopilaba información de audio, teclado, pantallas y redes. Su estructura modular y su capacidad de mutación lo hacían extremadamente difícil de detectar (Kaspersky, 2012). Duqu, creado con código similar a Stuxnet, Duqu actuaba como herramienta de espionaje industrial. Su objetivo era recolectar inteligencia previa a ataques más destructivos. Industroyer, que en 2016 afectó el sistema eléctrico de Ucrania y que fue diseñado para manipular directamente protocolos industriales como IEC 101/104, algo nunca antes visto y demostró el potencial de los wipers dirigidos a infraestructuras físicas (Lee et al., 2017).

La proliferación de ciberarmas no se limita a Estados. Aunque son estos quienes desarrollan las herramientas más sofisticadas, actores no estatales (grupos criminales, hacktivistas, terroristas) también acceden a este tipo de armas, en parte debido a filtraciones y al mercado negro (Rid & McBurney, 2012). Un ejemplo notable fue el Shadow Brokers leak en 2017, donde se revelaron herramientas cibernéticas de la NSA. Este hecho facilitó ataques posteriores como WannaCry y NotPetya, demostrando que incluso arsenales estatales pueden ser reciclados por terceros.

Además, la ciberdelincuencia como servicio (CaaS) ha permitido a grupos con escaso conocimiento técnico ejecutar ataques sofisticados mediante plataformas contratadas en la darknet (Zhao et al., 2021). Pero este extremo se desarrollará en el capítulo posterior de manera amplia, sobre todo incluyendo casos de grupos cibercriminales patrocinados por Estados.

También hay que considerar que el uso de ciberarmas implica una serie de riesgos estratégicos como son la atribución incierta con la ambigüedad sobre el origen de un ataque que dificulta las represalias o sanciones, y puede generar errores de cálculo geopolítico (Lindsay, 2013). O la reutilización por terceros, ya que una vez liberada, una ciberarma puede ser copiada, modificada y usada contra sus creadores o sus aliados. También la escalada no intencionada porque un ataque cibernético mal calibrado puede provocar consecuencias cinéticas si se percibe como un acto de guerra, especialmente en contextos de alta tensión. El descontrol del ciclo de vida, las ciberarmas no tienen un control logístico tradicional y pueden permanecer activas durante años, infectando nuevas víctimas y adaptándose a nuevos entornos. Estas características hacen que las ciberarmas constituyan un desafío singular en términos de seguridad estratégica global (James, 2015).

Actualmente no existe un tratado internacional específico que regule el desarrollo, uso o proliferación de ciberarmas. El Derecho Internacional Humanitario es aplicable en teoría, pero presenta serias limitaciones frente a la especificidad del entorno digital (Schmitt, 2017). Se han desarrollado algunas propuestas normativas como el Tallinn Manual 2.0., recoge interpretaciones del derecho internacional en materia de ciberconflictos, pero no tiene carácter vinculante. UN Group of Governmental Experts (GGE) y Open-ended Working Group (OEWG) que han establecido principios de conducta responsable en el ciberespacio, aunque sin consenso universal. O las normas propuestas por la Global Commission on the Stability of Cyberspace (GCSC) como la protección de infraestructuras esenciales y la prohibición de ataques a hospitales o sistemas nucleares.

A pesar de estos esfuerzos, la falta de un régimen vinculante deja un vacío jurídico preocupante, que los Estados más poderosos explotan para legitimar acciones ofensivas (Taddeo, 2021). En suma, las ciberarmas representan una de las mayores amenazas a la estabilidad internacional en la era digital. Su facilidad de despliegue, bajo costo, opacidad legal y potencial destructivo las hacen herramientas ideales para guerras encubiertas, coerción geopolítica y sabotaje económico.

En este contexto, la comunidad internacional enfrenta una disyuntiva crítica: avanzar hacia un marco normativo y cooperativo que regule el desarrollo y uso de estas herramientas, o aceptar una carrera armamentista digital sin reglas claras ni garantías de estabilidad. La gobernanza del ciberespacio debe incluir, con urgencia, acuerdos sobre ciberarmas, mecanismos de transparencia, líneas rojas y foros de resolución de disputas. De lo contrario, el riesgo de una "cyber crisis" sistémica aumentará con cada nueva innovación tecnológica no regulada.

REGULACIÓN INTERNACIONAL DEL CONFLICTO CIBERNÉTICO

El ciberespacio ha evolucionado como un dominio estratégico crucial sin que exista un marco legal internacional que regule de forma específica el uso de la fuerza, la conducción de hostilidades, o la responsabilidad estatal en este entorno. A diferencia de otros ámbitos de la guerra, donde existen tratados internacionales ampliamente aceptados como los Convenios de Ginebra o la Carta de las Naciones Unidas, en el ciberespacio rige un vacío normativo preocupante (Schmitt, 2017; Taddeo, 2021).

Este vacío genera incertidumbre jurídica y favorece la proliferación de operaciones cibernéticas ofensivas en un clima de impunidad estratégica. Los Estados aprovechan la ausencia de reglas claras para justificar acciones unilaterales, socavando los principios del derecho internacional y la estabilidad interestatal (Kello, 2017; Nye, 2010).

Una cuestión fundamental es si el Derecho Internacional Humanitario (DIH) y el régimen de uso de la fuerza de la Carta de las Naciones Unidas son aplicables al ciberespacio. Los Principios del DIH de necesidad, proporcionalidad, distinción y humanidad en entornos donde no hay daños físicos inmediatos es complejo. Aunque no existe tratado específico, se ha generado consenso en que el derecho internacional sí es aplicable al entorno cibernético, aunque con serias limitaciones prácticas (UN GGE, 2015; Schmitt, 2017). Los Principios en discusión son la prohibición del uso de la fuerza (Artículo 2.4 de la Carta ONU), ¿un ciberataque que dañe infraestructuras físicas constituye uso de la fuerza? La legítima defensa (Artículo 51), ¿bajo qué condiciones un Estado puede responder a un ataque cibernético con fuerza armada convencional? El problema no es tanto la ausencia de normas, sino su adaptabilidad a las particularidades del ciberespacio: anonimato, extraterritorialidad, dualidad civil-militar de los sistemas, y persistencia de los efectos digitales (Taddeo, 2021).

El Tallinn Manual es una de las iniciativas más influyentes en la codificación del derecho internacional aplicable a los conflictos cibernéticos. Elaborado por un grupo de expertos bajo auspicio de la OTAN, su versión más reciente, Tallinn Manual 2.0, ofrece una interpretación no vinculante pero ampliamente utilizada como referencia doctrinal (Schmitt, 2017). Los aportes principales: Define criterios para atribuir responsabilidad estatal. Establece cuándo un ciberataque constituye un uso de la fuerza. Delimita responsabilidades en conflictos armados cibernéticos. Introduce el concepto de "violación de soberanía digital". Pero las limitaciones son evidentes: No tiene carácter obligatorio ni aceptación universal. Excluye actores no estatales como grupos terroristas o hacktivistas. Algunas interpretaciones son ambiguas o controversiales, como la noción de "contramedidas legales" cibernéticas. Pese a ello, ha sido adoptado como guía en instituciones académicas, gobiernos y organismos multilaterales.

Desde 2004, la ONU ha sido el principal foro de diplomacia multilateral sobre ciberseguridad, a través de dos mecanismos paralelos: Group of Governmental Experts (GGE): grupo restringido de expertos estatales que emitió reportes en 2013, 2015 y 2021. Reconoce la aplicabilidad del derecho internacional, promueve la transparencia y prohíbe ataques a infraestructuras críticas en tiempo de paz. Open-Ended Working Group (OEWG): mecanismo inclusivo creado en 2019 que permite participación de todos los Estados miembros y la sociedad civil. Ha promovido 11 normas de conducta responsable, incluyendo cooperación, notificación de vulnerabilidades y protección de la cadena de suministro (UN OEWG, 2021). Ambos procesos han tenido tensiones geopolíticas, especialmente entre visiones occidentalistas (gobernanza abierta) y enfoques soberanistas (Rusia, China). A pesar de estas tensiones, han logrado generar una base mínima de consenso normativo.

De esta manera, varias iniciativas han propuesto mecanismos alternativos de regulación mediante normas voluntarias, orientadas a la prevención de conflictos y construcción de confianza. La Global Commission on the Stability of Cyberspace (GCSC) propuso la Norma de la Paz Cibernética (Cyber Peace Norms). Promueve la prohibición de ataques a infraestructuras nucleares, hospitales, y procesos electorales. Propone la responsabilidad de los Estados de no permitir que su territorio sea usado para ciberataques. También las normas de la OSCE sobre reducción de riesgos y notificación de incidentes. La Paris Call for Trust and Security in Cyberspace (2018) con compromiso multilateral con derechos digitales y no proliferación. Y las normas Microsoft y Google, que son propuestas privadas de ética digital y "ciberconvenciones de Ginebra".

Estas propuestas, aunque no vinculantes, generan presión política y sirven como base para futuras negociaciones formales. Pero las diferencias estructurales entre Estados dificultan la creación de un régimen legal robusto. Entre los principales obstáculos destacan la asimetría de capacidades, los Estados más poderosos —EE.UU., China, Rusia— se resisten a limitar sus capacidades cibernéticas; la soberanía digital vs. apertura digital, algunos países (China, Rusia) promueven un control total sobre el ciberespacio nacional, mientras que otros abogan por un modelo abierto y basado en normas comunes; la falta de transparencia y la opacidad en el desarrollo de ciberarmas impide la creación de mecanismos de verificación o inspección, como existen en los tratados sobre armas convencionales o nucleares; la dificultad de atribución, sin mecanismos efectivos de atribución forense y legal, no se puede aplicar el principio de responsabilidad estatal ni mecanismos de sanción. En conjunto, estos factores perpetúan una carrera armamentista cibernética sin reglas claras ni mecanismos de contención. La necesidad de una gobernanza global del conflicto cibernético es urgente.

Sin embargo, cualquier marco regulatorio debe considerar las siguientes condiciones a través de una multilateralidad efectiva con la inclusión de todos los actores relevantes, incluidos países del sur global y el sector privado. Un enfoque escalonado: priorizar la regulación de ataques a servicios esenciales (salud, energía o agua) como punto de partida. Mecanismos de verificación y atribución: desarrollo de capacidades técnicas neutrales, como un "Observatorio Internacional del Ciberconflicto". Observar la responsabilidad de empresas tecnológicas y establecer obligaciones de seguridad para proveedores de servicios críticos. Incluir también la educación jurídica en ciberconflictos: integrar el tema en foros como la Corte Internacional de Justicia y tribunales arbitrales.

De todo lo que se ha visto hasta el momento existen tres escenarios posibles (que se desarrollarán en el último apartado del libro): inercia y fragmentación (el statu quo se mantiene, y el conflicto digital escala en un entorno sin normas). Acuerdos parciales (se alcanzan tratados bilaterales o regionales sin carácter universal) o una Convención Global sobre Ciberconflictos (un instrumento vinculante con mecanismos de gobernanza similares a los existentes en desarme o medioambiente).

EL FUTURO DEL CONFLICTO EN EL CIBERESPACIO: ESCENARIOS Y TENDENCIAS

El conflicto en el ciberespacio no es una extensión del conflicto tradicional, sino su metamorfosis. El ciberespacio ha transformado no solo los medios de confrontación, sino también sus fundamentos: el tiempo, el espacio, la atribución, la escalada y la relación entre actores estatales y no estatales. En este entorno, la línea entre guerra y paz se ha vuelto borrosa, dando lugar a un estado permanente de competición estratégica, incluso en ausencia de hostilidades convencionales (Rid, 2020; Kello, 2017). Este nuevo paradigma se manifiesta en formas de confrontación que combinan operaciones técnicas (ataques cibernéticos, sabotaje digital) con tácticas informacionales (desinformación, guerra psicológica), habilitadas por tecnologías emergentes y ejecutadas por una multiplicidad de actores (Giles & Seaboyer, 2022).

El futuro del conflicto cibernético está profundamente entrelazado con la evolución de tres tecnologías emergentes: la Inteligencia Artificial (IA) que se utiliza para automatizar ataques, detectar vulnerabilidades y ejecutar campañas de desinformación a gran escala. Algoritmos de aprendizaje automático permiten generar contenidos falsificados (deepfakes), identificar objetivos, o adaptarse en tiempo real a la defensa adversaria (Brundage et al., 2018). La Computación Cuántica, aunque aún en desarrollo, amenaza con romper los sistemas criptográficos actuales (RSA, ECC). Esto abriría una nueva era en espionaje, guerra cibernética y seguridad de infraestructuras críticas (Mosca, 2018), y las Redes 5G y el Internet de las Cosas (IoT) que amplían la superficie de ataque al conectar millones de dispositivos sin los mismos estándares de seguridad; el IoT militar (sensores, drones, logística automatizada) introduce nuevos puntos de entrada para ataques (Arquilla, 2022).

Estas tecnologías no solo potencian el conflicto cibernético, sino que exigen repensar doctrinas, normativas y capacidades defensivas. La guerra híbrida representa una forma integrada de confrontación, donde medios militares, diplomáticos, económicos, cibernéticos y psicológicos se combinan para alcanzar objetivos estratégicos sin declarar formalmente la guerra (Arquilla, 2022; Renz, 2016). Las características clave de estos conflictos, profundamente enlazados a la ciberguerra son la desinformación orquestada en redes sociales, los ataques a infraestructuras críticas mediante malware y wipers, el sabotaje económico a través de la paralización de sistemas de transporte, bancos o energía, y la manipulación electoral con el hackeo de partidos, divulgación de información y bots. El objetivo no es la destrucción física, sino la desestabilización política, la pérdida de confianza y el debilitamiento del adversario desde dentro (Valeriano & Maness, 2015). Esta forma de guerra se adapta perfectamente a regímenes autoritarios que buscan evitar confrontaciones abiertas, pero mantener presión estratégica.

Las lecciones del conflicto Rusia-Ucrania a través de la resistencia digital, la inclusión de actores civiles y las alianzas tecnológicas nos marcan el futuro de los conflictos bélicos híbridos. El conflicto entre Rusia y Ucrania (2022-) ha sido el primer conflicto híbrido a gran escala con despliegue masivo de ciberoperaciones. En el análisis de este conflicto se encuentran los siguientes aspectos que marcarán el futuro (Cubeiro Cabello, 2022):

a) Ataques iniciales coordinados: días antes de la invasión terrestre, Rusia ejecutó ataques a páginas web gubernamentales y redes bancarias ucranianas. Se emplearon wipers como WhisperGate, HermeticWiper y CaddyWiper para inutilizar sistemas clave (Microsoft, 2022).

b) Resiliencia digital ucraniana: Ucrania demostró una capacidad inédita de resistencia digital. Migró datos a la nube, protegió infraestructuras mediante ayuda de empresas como Amazon, Microsoft y Google, y desarrolló mecanismos rápidos de restauración de sistemas (Giles & Seaboyer, 2022).

c) Activación de la sociedad civil: La creación del IT Army of Ukraine, un grupo de voluntarios cibernéticos coordinados, marcó un precedente. Civiles ucranianos y hackers internacionales ejecutaron operaciones contra objetivos rusos, con apoyo gubernamental indirecto (Klimburg, 2022).

d) Apoyo de empresas tecnológicas: Multinacionales tecnológicas se involucraron directamente, apoyando operaciones defensivas y de comunicación estratégica. Esto evidencia una militarización de actores privados, con implicaciones profundas para el derecho internacional y la neutralidad corporativa.

e) Desinformación y narrativa: Rusia lanzó campañas de propaganda y fake news, mientras Ucrania construyó una narrativa global con apoyo de medios y redes sociales. El conflicto informacional se convirtió en batalla por la verdad global.

Finalmente, nos lanzamos a diseñar los escenarios prospectivos: ciberguerras limitadas, conflictos automatizados y ataques a la democracia. A partir de estas tendencias, pueden proyectarse varios escenarios de futuro:

a) Ciberguerras limitadas: Conflictos cibernéticos localizados entre potencias intermedias, con efectos en sectores específicos como energía, salud o transporte. No requieren intervención armada directa, pero afectan gravemente la estabilidad social.

b) Conflictos automatizados: Uso de IA para ejecutar ataques autónomos o gestionar defensas automáticas. Esto podría reducir los tiempos de reacción, aumentando el riesgo de escaladas no intencionales (Brundage et al., 2018).

c) Ataques sistémicos a la democracia: Manipulación de elecciones, deslegitimación de instituciones, y erosión de la confianza pública mediante operaciones de desinformación profunda y algoritmos personalizados. La democracia se convierte en blanco estratégico (Taddeo, 2021).

En resumen, el futuro del conflicto en el ciberespacio estará marcado por tres grandes desafíos. En primer lugar, la atribución precisa y rápida, sin mecanismos creíbles de identificación forense, la impunidad seguirá siendo el mayor incentivo para ciberataques. En segundo lugar, el control del armamento cibernético, a diferencia de armas nucleares o químicas, las ciberarmas no tienen trazabilidad física ni inspección internacional por lo que requieren un nuevo régimen jurídico. Y en tercer lugar, el escalamiento cruzado, un ataque digital puede generar represalias cinéticas, donde el riesgo de escalada entre potencias nucleares a partir de un ciberincidente mal atribuido es real (Lindsay, 2013).

Estos factores exigen nuevas doctrinas de contención, transparencia entre adversarios y foros multilaterales con capacidad de mediación técnica. El conflicto en el ciberespacio ha llegado para quedarse y la humanidad se enfrenta al reto de construir un orden digital estable, basado en principios jurídicos, técnicos y éticos que eviten que el ciberespacio se convierta en un campo de batalla permanente. Para ello es imprescindible establecer normas vinculantes para proteger servicios esenciales, construir una capacidad global de atribución y verificación técnica independiente, integrar la ciberseguridad a los marcos de seguridad colectiva regional y global, fomentar alianzas público-privadas responsables, especialmente con gigantes tecnológicos, y promover una diplomacia cibernética multilateral, transparente e inclusiva.

El futuro del conflicto en el ciberespacio no está escrito. Aún es posible optar por un paradigma de contención y prevención, en lugar de una escalada armamentística sin retorno. Cuestión que lleva a pensar también en la escalada de otro tipo de armamento, como puede ser el nuclear, en este mundo volátil e incierto en el que nos encontramos.

Capítulo 4

Más allá de la ciberguerra: las Ciberamenazas Globales

> **Schneier on Security:**
> *"Los amateurs hackean sistemas. Los profesionales hackean personas".*
> SCHNEIER, B. (blog).

En el umbral del siglo XXI, la consolidación del ciberespacio como dominio estratégico ha transformado profundamente las relaciones internacionales, los modelos de seguridad nacional y las dinámicas socioeconómicas globales como se ha puesto de manifiesto en los capítulos precedentes. La interdependencia digital, derivada de la progresiva digitalización de infraestructuras críticas, servicios esenciales y procesos gubernamentales, ha propiciado la emergencia de un nuevo teatro de amenazas: el ciberespacio. En este entorno, los conflictos ya no requieren tanques ni misiles, sino líneas de código, redes distribuidas y vulnerabilidades en sistemas interconectados. Aquí se mueven los ciberconflictos en el ámbito híbrido.

Las ciberamenazas globales constituyen hoy una de las principales preocupaciones para los Estados, las organizaciones internacionales, las empresas transnacionales y la ciudadanía en general. Este fenómeno, lejos de limitarse a cuestiones técnicas, plantea desafíos de gobernanza, soberanía, derechos humanos y estabilidad geopolítica. El carácter transnacional, asimétrico y multidimensional de las ciberamenazas desborda los marcos tradicionales de seguridad, obligando a repensar el concepto de poder, el rol de los actores estatales y no estatales, así como la arquitectura normativa del sistema internacional (Carr, 2016; Dunn Cavelty, 2013; Nye, 2010).

A medida que las sociedades se digitalizan, el ciberespacio deja de ser un mero canal de comunicación para convertirse en un espacio de disputa estratégica. Los Estados han incorporado capacidades ofensivas y defensivas en sus doctrinas de seguridad nacional; las empresas han reformulado sus políticas de protección de datos e infraestructuras; y los individuos enfrentan crecientes amenazas en términos de privacidad, integridad y autonomía digital (Deibert, 2020). En este contexto, la ciberseguridad adquiere una nueva dimensión: no se trata únicamente de proteger sistemas informáticos, sino de garantizar la estabilidad social, política y económica de las naciones.

Como sostiene Joseph Nye (2010), el poder en la era digital no reside únicamente en la capacidad militar o económica, sino también en la habilidad de influir en la arquitectura del ciberespacio, establecer normas internacionales y desarrollar capacidades de resiliencia cibernética. Así, el dominio digital se ha convertido en un instrumento de poder blando y duro, de disuasión y coerción, y de cooperación y conflicto.

Las ciberamenazas globales abarcan una amplia tipología de incidentes, desde ataques de denegación de servicio (DDoS) y campañas de ransomware, hasta operaciones de ciberespionaje y ciberterrorismo. Cada uno de estos vectores responde a lógicas distintas —económicas, políticas, ideológicas o militares— y es ejecutado por una diversidad de actores que incluyen Estados, grupos criminales, hacktivistas y proxies paramilitares (Libicki, 2009; Rid & Buchanan, 2015). En términos generales, pueden distinguirse tres grandes dimensiones:

a) Tecnológica: asociada a vulnerabilidades en infraestructuras críticas, sistemas operativos, redes industriales (ICS/SCADA) y plataformas digitales. Esta dimensión exige soluciones técnico-científicas, basadas en la innovación, el monitoreo continuo y la implementación de arquitecturas de confianza cero (ZTA).

b) Política y geoestratégica: vinculada a la competencia entre potencias globales, la instrumentalización del ciberespacio para fines de injerencia, sabotaje o espionaje, y la disrupción de procesos democráticos a través de campañas de desinformación.

c) Socioeconómica y de derechos humanos: relacionada con el impacto de las ciberamenazas en los derechos fundamentales, la privacidad de los datos, la desigualdad digital, la exclusión informacional y el deterioro de la confianza pública en las instituciones (UNODC, 2021).

El estudio de las ciberamenazas requiere un enfoque multidisciplinar, que integre saberes de la informática, la ciencia política, el derecho internacional, la sociología de la tecnología, la economía digital, la criminología y la ética aplicada. Asimismo, se hace imprescindible una perspectiva comparada e intersectorial, capaz de analizar las políticas públicas implementadas en distintas regiones del mundo —como la estrategia de ciberseguridad de la Unión Europea (NIS2), el marco del NIST en Estados Unidos, o las acciones del Centro de Excelencia de Ciberdefensa Cooperativa de la OTAN en Tallin.

La diferencia actual entre capacidades ofensivas y defensivas en el ciberespacio, sumado a la ausencia de un marco normativo internacional vinculante, genera un entorno de alta inestabilidad. La proliferación de ciberarmas, el uso político de las tecnologías emergentes (como la inteligencia artificial y el big data), y la fragmentación regulatoria global conforman un escenario de riesgo estructural. En este contexto, se hace imperativo impulsar una gobernanza digital basada en principios democráticos, cooperación multilateral y responsabilidad compartida.

Como señala Deibert (2020), el futuro de la ciberseguridad no puede estar basado en la militarización ni en la vigilancia total, sino en un nuevo contrato social para la era digital, que combine protección con libertad, innovación con regulación, y soberanía con cooperación.

ATAQUES A INFRAESTRUCTURAS CRÍTICAS

En el contexto de la transformación digital global, las infraestructuras críticas se han convertido en el núcleo funcional de las sociedades contemporáneas. Estas comprenden los sistemas esenciales para el funcionamiento del Estado y el bienestar social, incluyendo energía, agua, salud, telecomunicaciones, transporte, sistemas financieros y tecnológicos (Lewis, 2019). Su creciente interconexión, impulsada por la digitalización, las convierte en objetivos estratégicos de actores maliciosos en el ciberespacio.

La protección de infraestructuras críticas constituye, por tanto, una prioridad para la seguridad nacional y la estabilidad internacional. Las amenazas cibernéticas —por su carácter silencioso, transfronterizo y asimétrico— exigen una redefinición del concepto de resiliencia digital, entendido no solo como la capacidad de resistir ataques, sino de adaptarse, recuperarse y continuar operando bajo condiciones adversas (Carr, 2016; Dunn Cavelty, 2014).

Las infraestructuras críticas presentan una serie de vulnerabilidades que pueden ser explotadas por actores estatales y no estatales. Estas debilidades pueden clasificarse en dos grandes categorías: Estructurales, las relacionadas con el diseño, arquitectura e interoperabilidad de los sistemas. Muchas infraestructuras funcionan con tecnologías heredadas (legacy systems) que carecen de actualizaciones de seguridad, o integran componentes digitales en entornos originalmente analógicos (ICS, SCADA), lo que genera brechas considerables (Kott & Arnold, 2013). Y las Operativas, asociadas a la gestión de la seguridad, errores humanos, falta de protocolos o una inadecuada cultura organizacional en ciberseguridad. Los accesos privilegiados sin control, la baja concienciación del personal y la escasez de planes de contingencia son puntos recurrentes de riesgo (Strozzi et al., 2021).

Los ataques como Stuxnet, NotPetya y los sabotajes a redes eléctricas (Ucrania, 2015-2016) han demostrado que las operaciones cibernéticas pueden paralizar infraestructuras esenciales, ocasionando pérdidas económicas y comprometiendo vidas humanas sin el uso de fuerza armada directa (Zetter, 2014; Lee, Assante & Conway, 2016).

La defensa de infraestructuras críticas requiere paradigmas adaptativos frente a amenazas dinámicas. En este sentido, han emergido tres enfoques clave:

a) Zero Trust Architecture (ZTA): Este modelo rompe con el enfoque tradicional basado en perímetros. Parte del principio de que ningún usuario o sistema debe ser automáticamente confiable, exigiendo validación continua del acceso a recursos

(Rose et al., 2020). Requiere autenticación multifactor, segmentación de redes y análisis de comportamiento.

b) Inteligencia Artificial (IA): Herramientas basadas en machine learning permiten detectar patrones anómalos, predecir intrusiones y generar alertas proactivas. La IA aplicada a la ciberdefensa se utiliza en sectores críticos como telecomunicaciones y transporte para automatizar respuestas (Taddeo & Floridi, 2018).

c) Monitoreo continuo: La supervisión en tiempo real de sistemas críticos mediante sensores e inteligencia de amenazas (threat intelligence) es esencial para responder de forma ágil a incidentes. Estas herramientas permiten identificar vulnerabilidades emergentes y activar protocolos de emergencia antes de que el daño se materialice.

Algunos modelos de protección que se ponen en marcha por parte de los estados se pueden agrupar en los que se exponen a continuación:

a) Estados Unidos. La Agencia de Seguridad de Infraestructura y Ciberseguridad (CISA) lidera los esfuerzos de protección mediante el National Critical Functions Framework, que prioriza sectores vitales como energía, salud y finanzas. Además, el marco NIST (National Institute of Standards and Technology) provee lineamientos técnicos de ciberseguridad, basados en los pilares de identificación, protección, detección, respuesta y recuperación (NIST, 2018).

b) Unión Europea. La Agencia de Ciberseguridad de la Unión Europea (ENISA) coordina esfuerzos regionales. El Reglamento NIS2 (2022) establece obligaciones para los Estados miembros en protección de sectores esenciales, incluyendo análisis de riesgos, auditorías, e intercambio de información sobre incidentes. El GDPR también complementa esta protección al asegurar la integridad de los datos personales, relevantes en sectores como salud y finanzas (European Commission, 2022).

c) Japón ha instituido la National Center of Incident Readiness and Strategy for Cybersecurity (NISC). Este organismo centraliza la respuesta ante incidentes en infraestructuras críticas, promoviendo estándares nacionales y la cooperación con actores industriales (METI, 2020). Su enfoque se basa en alianzas con el sector privado y universidades tecnológicas.

d) Australia promueve un modelo basado en la colaboración público-privada a través de la Australian Cyber Security Centre (ACSC). Las estrategias incluyen monitoreo continuo, alianzas tecnológicas, y un énfasis en la capacitación técnica de operadores de infraestructuras críticas (ACSC, 2021).

La resiliencia digital es otro de los aspectos clave en la prevención, esta protección se sustenta en la gestión integral del riesgo, que implica identificar, valorar y priorizar vulnerabilidades. Metodologías como la ISO/IEC 27005 o el modelo FAIR (Factor Analysis of Information Risk) se emplean para cuantificar el riesgo cibernético con criterios técnico-económicos. Junto a ello, la redundancia de sistemas se convierte en una táctica fundamental. La existencia de canales alternativos, backups en frío y capacidades de failover permiten asegurar la continuidad operativa en caso de un ciberataque exitoso (Lewis, 2019). Un enfoque resiliente debe además contemplar la recuperación rápida post-incidente. Las capacidades de ciberseguridad deben integrarse con los planes de continuidad del negocio y recuperación ante desastres (BC/DR).

Las amenazas globales requieren respuestas coordinadas. Diversos ejercicios internacionales han surgido como mecanismo de fortalecimiento, por ejemplo el Locked Shields (OTAN), simulación realista organizada por el CCDCOE en Estonia, considerada el mayor ejercicio de ciberdefensa ofensiva y defensiva a nivel global. Participan equipos nacionales en escenarios de guerra híbrida (NATO CCDCOE, 2022). CISA y Shields Up (EE.UU.), una iniciativa del gobierno estadounidense que promueve ciberalertas en tiempo real, ejercicios regionales, y entrenamientos en resiliencia para infraestructuras críticas ante amenazas como ransomware o APTs (CISA, 2022). O los ENISA Cybersecurity Exercises, en los que la Agencia Europea organiza regularmente simulacros multinacionales, como Cyber Europe, para mejorar la coordinación entre Estados miembros ante incidentes en sectores clave (ENISA, 2022).

Estas iniciativas no solo evalúan capacidades técnicas, sino que también fortalecen la diplomacia cibernética, generando confianza y estándares comunes entre naciones aliadas. La protección de infraestructuras críticas en la era digital implica un desafío multidimensional que trasciende la tecnología. Implica marcos regulatorios sólidos, cooperación multisectorial, cultura de seguridad y tecnologías emergentes integradas en un enfoque centrado en la resiliencia. La disrupción no es una posibilidad remota, sino una constante operativa. Por ello, los Estados deben evolucionar desde una lógica de protección pasiva hacia una arquitectura activa, predictiva y cooperativa. Solo así será posible enfrentar las amenazas cibernéticas que, cada vez con mayor frecuencia, apuntan a los pilares vitales del funcionamiento social.

RANSOMWARE Y CIBERDELINCUENCIA ORGANIZADA

La ciberdelincuencia organizada constituye una de las amenazas más dinámicas y rentables en el ecosistema de la seguridad digital global. Dentro de este fenómeno, el ransomware se ha consolidado como una de sus manifestaciones más impactantes, tanto por su capacidad de disrupción como por la sofisticación de sus mecanismos operativos y económicos. Este tipo de malware cifra los archivos de los sistemas informáticos atacados, exigiendo el pago de un rescate —usualmente en criptomonedas— para restaurar el acceso a los datos. Si bien sus orígenes se remontan a ataques dirigidos a individuos, en la actualidad el ransomware ha evolucionado hacia un modelo empresarial altamente profesionalizado, dirigido a objetivos de alto valor como hospitales, infraestructuras críticas, organismos gubernamentales y grandes corporaciones.

Este apartado se propone analizar el ransomware no como un fenómeno aislado, sino como una expresión estructural de las redes de ciberdelincuencia organizada transnacional, enmarcadas en procesos de transformación digital, desregulación financiera y conflicto geopolítico. El ransomware ha experimentado una notable evolución técnica y organizativa, pasando de ataques indiscriminados a campañas específicas conocidas como big-game hunting, dirigidas a blancos estratégicos con alta capacidad de pago. Esta evolución ha sido posibilitada por el desarrollo de modelos como ransomware-as-a-service (RaaS), donde grupos desarrolladores proveen el malware y la infraestructura a afiliados, quienes realizan los ataques a cambio de un porcentaje del rescate (Anderson et al., 2019). El uso extensivo de criptomonedas anónimas para transacciones, lo que dificulta la trazabilidad y persecución judicial de los responsables. La adopción de tácticas de doble extorsión (double extortion), donde los atacantes no solo cifran los datos sino que también los exfiltran, amenazando con publicarlos si no se realiza el pago (Liska & Goodwin, 2021). Además, los grupos responsables de estos ciberataques, como Conti, REvil, DarkSide o LockBit, operan con estructuras descentralizadas, reclutan a través de foros en la dark web y desarrollan herramientas personalizadas que evaden antivirus tradicionales mediante técnicas de polimorfismo y ofuscación (Europol, 2022).

El ransomware tiene implicaciones significativas para la seguridad nacional, ya que sus víctimas no se limitan a empresas privadas. Entre los incidentes más emblemáticos se encuentra: El ataque a Colonial Pipeline (EE.UU., 2021), que provocó una interrupción en el suministro de combustible en la costa este del país, con impactos económicos y geopolíticos inmediatos (CISA, 2022). El incidente contra el Servicio Nacional de Salud (NHS) del Reino Unido durante el brote de WannaCry en 2017, que paralizó hospitales y servicios médicos, comprometiendo directamente la salud pública. El ciberataque a Costa Rica en 2022, ejecutado por el grupo Conti, que afectó el Ministerio de Hacienda y paralizó servicios administrativos esenciales, convirtiéndose en un caso inédito en América Latina. Estos eventos revelan que el ransomware no solo representa un riesgo financiero, sino que constituye una amenaza sistémica con capacidad de paralizar servicios esenciales, desestabilizar gobiernos y erosionar la confianza pública.

La profesionalización del ransomware es inseparable de las redes de crimen organizado digital transnacional, caracterizadas por estructuras híbridas y descentralizadas que combinan desarrolladores de malware, operadores logísticos, negociadores de rescates y lavadores de dinero (Europol, 2022); por la localización en jurisdicciones permisivas donde muchos grupos operan desde países con débil legislación cibernética o con complicidad estatal, lo que imposibilita su extradición (Broadhurst et al., 2014), y por generar mercados clandestinos con la compraventa de exploits, credenciales robadas y kits de ransomware en foros de la dark web, que ha consolidado un ecosistema ilícito autorregulado con normas propias.

A nivel macroeconómico, el ransomware se ha convertido en una industria criminal millonaria, con ingresos que en 2021 superaron los 600 millones de dólares según Chainalysis (2022). Su rentabilidad y baja barrera de entrada explican su rápida proliferación y constante innovación. Varios informes de inteligencia y organismos multilaterales han señalado que algunos grupos de ransomware actúan con tolerancia, protección o incluso patrocinio de ciertos Estados, particularmente en contextos de rivalidad geoestratégica (Nakashima & Timberg, 2021). Ejemplo de ello es la supuesta connivencia entre Rusia y grupos como Conti o REvil, que evitan atacar blancos rusos y operan desde su territorio sin sanción legal.

Esta dimensión geopolítica añade complejidad a la respuesta internacional, ya que dificulta la aplicación del derecho penal y el uso de sanciones. Además, plantea interrogantes sobre los límites de la guerra híbrida, donde los ataques digitales con fines económicos cumplen funciones de presión política y desestabilización encubierta. Las respuestas al ransomware han incluido el fortalecimiento de equipos nacionales de respuesta a incidentes (CERT/CSIRT), la adopción de marcos regulatorios como la Directiva NIS2 (UE) o el NIST Cybersecurity Framework (EE.UU.). Además de las alianzas internacionales, como la Iniciativa contra el Ransomware impulsada por Estados Unidos y apoyada por más de 30 países. Sin embargo, estas estrategias enfrentan desafíos significativos como la falta de cooperación internacional vinculante, debido a la fragmentación normativa, la ausencia de mecanismos eficaces de atribución de ataques o el desequilibrio tecnológico entre los grupos criminales y las capacidades defensivas de muchos Estados. Se impone así la necesidad de una gobernanza cibernética más robusta, basada en el intercambio de inteligencia, la armonización legal y el desarrollo de capacidades forenses y diplomáticas.

Aunque la narrativa dominante en torno al ransomware se centra en la seguridad y la economía, resulta crucial introducir una perspectiva de derechos humanos. La afectación a hospitales, redes educativas o servicios sociales implica un riesgo directo a derechos fundamentales como la vida, la salud o la educación. Las respuestas estatales, por su parte, deben evitar caer en la militarización excesiva del ciberespacio, respetando los principios de legalidad, necesidad y proporcionalidad (UNHRC, 2021). La ciberdelincuencia organizada, expresada en fenómenos como el ransomware, constituye una amenaza integral que combina capacidades técnicas avanzadas, estructuras organizativas transnacionales y conexiones geopolíticas opacas. Su abordaje no puede limitarse a estrategias tecnocráticas, sino que requiere una aproximación multilateral, interdisciplinaria y centrada en la resiliencia democrática y la justicia digital. Solo mediante un equilibrio entre regulación, cooperación y respeto a los derechos fundamentales será posible contener su expansión y mitigar sus impactos.

ESPIONAJE CIBERNÉTICO

El espionaje cibernético, también denominado ciberespionaje, constituye una de las manifestaciones más sofisticadas y persistentes de las ciberamenazas contemporáneas. Se define como el acceso no autorizado, sigiloso y prolongado a sistemas digitales con el objetivo de obtener información estratégica, confidencial o sensible, perteneciente a gobiernos, industrias, instituciones internacionales o individuos clave (Rid, 2020). A diferencia de su contraparte tradicional —que requiere despliegue humano y operaciones encubiertas físicas—, el espionaje digital permite a los actores operar desde cualquier parte del mundo, con menor coste operativo y altos niveles de anonimato técnico.

En un contexto de creciente rivalidad geopolítica, transformación tecnológica y fragmentación normativa, el espionaje cibernético se ha convertido en una herramienta de poder estructural, utilizada tanto en tiempos de paz como en escenarios de conflicto híbrido. Este fenómeno plantea desafíos singulares al derecho internacional, la seguridad nacional y la soberanía informativa de los Estados.

Los actores que ejecutan campañas de ciberespionaje son predominantemente estatales o paraestatales, agrupados comúnmente bajo la categoría de APT (Advanced Persistent Threats). Estos grupos poseen una capacidad técnica superior, financiamiento sostenido y una estructura organizativa comparable a agencias de inteligencia. Entre los grupos más notorios destacan: APT29 (Cozy Bear), vinculado al Servicio de Inteligencia Exterior de Rusia (SVR). APT41, con posibles vínculos al Ministerio de Seguridad del Estado chino. Y Lazarus Group, asociado al régimen norcoreano.

Las técnicas más frecuentes utilizadas por estos grupos incluyen: explotación de vulnerabilidades zero-day no conocidas por los fabricantes de software (Kostyuk & Zhukov, 2019), Phishing altamente dirigido (spear phishing), que suplanta identidades confiables para obtener acceso inicial, ataques a la cadena de suministro (supply chain attacks), donde se comprometen actualizaciones de software legítimo, como en el caso de SolarWinds (2020), malware personalizado, diseñado para permanecer oculto durante largos periodos de tiempo, recolectando datos, credenciales y comunicaciones sensibles.

El espionaje cibernético se ha materializado en incidentes que han transformado la percepción global sobre la seguridad digital. Entre los más destacados se encuentran los que siguen:

a) Operación SolarWinds (EE.UU., 2020): Se infiltraron actualizaciones del software Orion para acceder a redes de agencias gubernamentales estadounidenses y empresas privadas. Se estima que más de 18.000 clientes descargaron la versión comprometida, permitiendo una intrusión encubierta durante meses (CISA, 2021).

b) APT10 y Cloud Hopper (2014-2017): Un grupo chino accedió a datos confidenciales de proveedores de servicios en la nube, incluyendo IBM y Hewlett Packard, afectando indirectamente a miles de empresas en múltiples sectores (Mandiant, 2019).

c) GhostNet (2009): Se identificó una red de ciberespionaje con epicentro en China, que comprometió más de 1.200 sistemas en 103 países, incluyendo embajadas, medios de comunicación y oficinas gubernamentales (Deibert et al., 2009).

Estos ataques revelan que las operaciones de espionaje digital no solo buscan información sensible, sino también ganancias estratégicas sostenidas, capacidad de sabotaje potencial y ventajas diplomáticas encubiertas. A diferencia del espionaje tradicional, el espionaje cibernético opera en un limbo jurídico, donde la atribución técnica es compleja y el umbral para la respuesta militar convencional es ambiguo. En muchos casos, las intrusiones no se consideran actos de guerra ni provocan reacciones proporcionales, lo que favorece su uso reiterado. Este carácter oculto convierte al ciberespionaje en una herramienta privilegiada de la guerra híbrida, que combina medios digitales, operaciones psicológicas y manipulación informativa para erosionar a los adversarios sin generar conflicto armado abierto (Murray & Mansoor, 2012).

Potencias como China, Rusia, Irán y Corea del Norte han sido repetidamente señaladas por agencias de inteligencia occidentales como patrocinadores de campañas sistemáticas de espionaje, dirigidas a obtener propiedad intelectual, secretos industriales y datos gubernamentales estratégicos (Council on Foreign Relations, 2020). Y las consecuencias del ciberespionaje van mucho más allá del acceso ilícito a información confidencial. Incluyen: Pérdida de competitividad empresarial por robo de propiedad intelectual. Desestabilización institucional, cuando se comprometen datos de organismos clave. Riesgos para la seguridad nacional, al infiltrarse redes de defensa, energía o comunicaciones. Vulneración de derechos fundamentales, especialmente cuando se espía a periodistas, activistas o defensores de derechos humanos. Casos como el del software espía Pegasus, que ha sido utilizado por regímenes autoritarios para espiar a opositores, subrayan la delgada línea entre seguridad y represión tecnológica (Amnesty Tech, 2021).

Uno de los mayores desafíos frente al ciberespionaje es la atribución técnica. Aunque se utilizan indicadores de compromiso (IoCs), análisis forense digital y seguimiento de infraestructura, las técnicas de false flag y el uso de proxy servers dificultan la vinculación clara de los ataques con sus verdaderos patrocinadores. Esto plantea dilemas en la diplomacia internacional: una atribución errónea puede desencadenar represalias injustificadas; una falta de atribución refuerza la impunidad. De ahí que se haya propuesto la creación de mecanismos multilaterales independientes para la investigación técnica de ataques (Maurer, 2018).

A nivel internacional, existen vacíos significativos en cuanto a la regulación del ciberespionaje. Si bien el derecho internacional prohíbe la injerencia en los asuntos internos de los Estados (Carta de la ONU, Art. 2.7), no hay un consenso sobre si el espionaje digital lo vulnera sistemáticamente. Los Grupos de Expertos Gubernamentales (GGE) y el Open-Ended Working Group (OEWG) de Naciones Unidas han propuesto principios voluntarios de comportamiento estatal responsable en el ciberespacio, pero su cumplimiento es desigual, como ya se ha visto en el capítulo precedente. En el plano regional, la Unión Europea ha desarrollado sanciones específicas contra actores identificados como responsables de campañas de ciberespionaje, en el marco de su régimen de medidas restrictivas en ciberseguridad (Consejo de la UE, 2020).

Frente a esta amenaza persistente, es indispensable avanzar en el fortalecimiento de capacidades nacionales de ciberinteligencia y contrainteligencia digital, el establecimiento de normas internacionales vinculantes, que regulen el espionaje estatal en entornos digitales, la promoción de la transparencia y rendición de cuentas, especialmente en el uso de herramientas de vigilancia por parte de los Estados, y la alianzas multilaterales para el desarrollo de capacidades forenses y técnicas de atribución robustas.

El espionaje cibernético no es solo una amenaza técnica, sino una expresión paradigmática de los nuevos modos de competencia estratégica en la era digital. Su carácter silencioso, persistente y oculto lo convierte en una herramienta eficaz pero peligrosa, cuyas consecuencias exceden la dimensión tecnológica. Frente a ello, se requiere una gobernanza digital global más coherente, que combine capacidad técnica, diplomacia preventiva y respeto a los derechos fundamentales.

CIBERINFLUENCIA COMO ARMA GEOPOLÍTICA

La injerencia digital extranjera en procesos democráticos se ha consolidado como una de las estrategias más disruptivas de la guerra híbrida contemporánea. A través del uso masivo de redes sociales, campañas de desinformación, bots, trolls y ciberespionaje, actores estatales y paraestatales han influido en la opinión pública, polarizado sociedades y socavado la legitimidad institucional en diversas democracias consolidadas. Entre los casos más estudiados y documentados se encuentran las acciones atribuidas a la Federación Rusa, orientadas a desestabilizar el orden político occidental mediante operaciones psicológicas encubiertas, conocidas como "active measures" (*aktivnye meropriyatiya*), una herencia modernizada del aparato soviético de inteligencia (Rid, 2020).

Para conocer el potencial de la injerencia rusa se analizan tres casos paradigmáticos a continuación y de los que se tiene información aclaratoria (seguramente exista alguno más actual, pero que no ha trascendido con la importancia de estos tres casos).

Caso 1: Elecciones presidenciales de Estados Unidos (2016)

El Informe Mueller (2019) y múltiples investigaciones del Senado de EE.UU. documentaron la interferencia rusa en las elecciones presidenciales de 2016 a través de dos grandes vías: ciberataques dirigidos a instituciones como el Comité Nacional Demócrata (DNC) y figuras clave del Partido Demócrata (e.g., John Podesta), cuyo contenido fue filtrado a través de WikiLeaks para dañar la candidatura de Hillary Clinton (Mueller, 2019). Y campañas de desinformación en redes sociales, lideradas por la Internet Research Agency (IRA), con sede en San Petersburgo, que difundieron contenidos polarizantes en Facebook, Twitter e Instagram, dirigidos a comunidades afroamericanas, evangélicas y conservadoras (Starbird, DiResta & DeButts, 2023). El objetivo no fue necesariamente promover directamente al entonces candidato Donald Trump, sino erosionar la confianza ciudadana en el sistema democrático estadounidense y profundizar las divisiones sociales.

Caso 2: Referéndum del *Brexit* en Reino Unido (2016)

Diversos informes parlamentarios británicos, incluyendo el "Russia Report" del Intelligence and Security Committee del Parlamento del Reino Unido (2020), señalaron intentos de interferencia rusa en el referéndum del Brexit, aunque sin una investigación exhaustiva como en EE.UU. Las tácticas utilizadas incluyeron la difusión de contenidos pro-Brexit desde cuentas falsas vinculadas a Rusia, la amplificación de narrativas antiinmigración y euroescépticas mediante bots y trolls coordinados desde la IRA y la financiación opaca de ciertas organizaciones pro-Brexit, aún bajo escrutinio legal. Si bien el informe oficial no concluye una responsabilidad directa en el resultado del referéndum, la falta de una respuesta estatal proactiva fue ampliamente criticada como una falla estructural de seguridad nacional (EUvsDisinfo, 2019).

Caso 3: Referéndum ilegal de Cataluña (España, 2017)

Durante los meses previos y posteriores al referéndum ilegal de independencia de Cataluña del 1 de octubre de 2017, múltiples medios y agencias de inteligencia europeas identificaron una intensa actividad digital procedente de dominios y cuentas vinculadas con Rusia y Venezuela. Las acciones detectadas incluyeron la proliferación de narrativas proindependentistas y anti-UE en medios como Sputnik y Russia Today (RT), la actividad coordinada de cuentas falsas en Twitter para amplificar hashtags como *#CatalanReferendum* y desacreditar la respuesta del Gobierno español y la difusión de desinformación sobre supuestas represiones policiales masivas, con imágenes manipuladas o extraídas de contextos distintos. Estas acciones fueron interpretadas como parte de una estrategia más amplia del Kremlin para debilitar la cohesión interna de la UE y fomentar tensiones secesionistas, aprovechando grietas políticas preexistentes (Badillo y Arteaga, 2023).

Tabla 2. Análisis comparativo y patrones comunes de los tres casos

Elemento clave	EE.UU. 2016	Brexit 2016	Cataluña 2017
Actor responsable principal	GRU, IRA	IRA, redes opacas	Medios estatales rusos, IRA
Técnicas utilizadas	Phishing, filtraciones, bots	Desinformación y amplificación	Fake news, manipulación visual

Elemento clave	EE.UU. 2016	Brexit 2016	Cataluña 2017
Plataformas involucradas	Twitter, Facebook, WikiLeaks	Twitter, Facebook	RT, Sputnik, Twitter
Objetivo estratégico	Deslegitimación democrática	Euroescepticismo	Fractura territorial UE
Evidencia documentada	Alta (Mueller, Senado)	Parcial (ISC UK)	Intermedia (EUvsDisinfo, Guardia Civil)

Estos tres casos (tabla 2) ilustran cómo las operaciones de injerencia digital pueden erosionar pilares fundamentales de la democracia liberal sin recurrir al uso de fuerza militar ni a la ocupación territorial. Su éxito reside en la fragmentación informativa del ecosistema mediático, la ineficiencia regulatoria de las redes sociales, la lentitud institucional para identificar y contrarrestar operaciones encubiertas. Y frente a ello, se requieren respuestas basadas en la transparencia algorítmica y trazabilidad de contenidos en plataformas digitales, normativas internacionales contra la injerencia extranjera digital y el refuerzo de la educación mediática y la resiliencia cívica ante campañas de manipulación psicológica digital (Bradshaw & Howard, 2019).

Las injerencias rusas en EE.UU., Reino Unido y Cataluña constituyen un patrón de estrategia disruptiva no convencional, basada en técnicas de manipulación informativa y ciberespionaje. Representan una amenaza sistémica al principio de autodeterminación democrática y deben ser abordadas desde una gobernanza digital global, que combine diplomacia cibernética, regulación multinivel y cooperación público-privada.

CIBERTERRORISMO Y RADICALIZACIÓN ONLINE

El ciberterrorismo y la radicalización en línea constituyen dimensiones emergentes de la conflictividad digital, situadas en la intersección entre la violencia ideológica, las tecnologías de la información y la manipulación psicológica. Aunque no existe un consenso unívoco en la literatura académica sobre la definición precisa de ciberterrorismo, se suele entender como el uso de herramientas digitales —o la amenaza de usarlas— para generar miedo, coacción o destrucción con fines políticos, religiosos o ideológicos (Weimann, 2015). Más allá de los ataques informáticos directos a infraestructuras (a menudo escasos y técnicamente complejos), el componente más significativo de esta amenaza reside en la instrumentalización del ciberespacio para procesos de radicalización, propaganda, reclutamiento, financiación y coordinación operativa. Esta dinámica ha sido ampliamente utilizada por organizaciones como Estado Islámico (ISIS), Al Qaeda, y más recientemente, por movimientos extremistas de ultraderecha y supremacismo blanco (González-García y Girao, 2020).

Existen dos enfoques principales para analizar esta amenaza, por un lado el ciberterrorismo como modalidad operativa autónoma, en la cual el ataque se ejecuta directamente a través del medio digital (ej. sabotaje a sistemas eléctricos o ataques a infraestructuras críticas). Este tipo de acción, aunque teóricamente posible, ha sido rara vez ejecutado de forma efectiva (Jarvis et al., 2014). Por otro lado, la digitalización del terrorismo tradicional, donde los grupos extremistas usan las TIC como herramienta de apoyo para reforzar sus capacidades operativas, ideológicas y logísticas. Este enfoque, dominante en la literatura empírica, analiza la forma en que el terrorismo adapta sus métodos al ecosistema digital, sin sustituir necesariamente la violencia física (Neumann, 2013). La distinción entre ambos enfoques es esencial para evitar sobredimensionamientos del fenómeno y diseñar políticas públicas proporcionales, respetuosas de los derechos fundamentales.

Los procesos de radicalización online son facilitados por plataformas que permiten la comunicación cifrada, anonimato y segmentación algorítmica, como Telegram, WhatsApp, 8chan o foros en la dark web. Se debe a que estas plataformas permiten diseminar contenido propagandístico, incluyendo manuales de atentados, discursos religiosos extremistas, y narrativas de victimización global, reclutar y adoctrinar nuevos miembros sin necesidad de contacto presencial, coordinar ataques de lobos solitarios, como los atentados de Orlando en 2016 o Viena en 2020, cuyo autor estaba en contacto con redes yihadistas por canales cifrados. Además, los algoritmos de recomendación de plataformas como YouTube o Facebook han sido acusados de promover contenidos extremistas, favoreciendo la creación de comunidades cerradas radicalizadas (Tufekci, 2018).

Algunos casos de análisis en este sentido son Daesh y el Califato digital que entre 2014 y 2017 desarrolló una sofisticada estrategia de comunicación online, con vídeos subtitulados en varios idiomas, revistas como Dabiq o Rumiyah, y cuentas automatizadas en Twitter que replicaban mensajes propagandísticos. Esta maquinaria mediática fue clave en la atracción de miles de combatientes extranjeros (Winter, 2015). Otro de los casos es el extremismo de derecha digitalizado con movimientos como Atomwaffen Division o The Base utilizan plataformas como Gab y 4chan para difundir ideologías de odio, entrenar a militantes y planear actos violentos, como el ataque a la sinagoga de Pittsburgh en 2018 o el atentado de Christchurch en 2019. En ambos casos, los perpetradores publicaron manifiestos online y realizaron transmisiones en vivo (Conway et al., 2019). A todo ello se puede hablar de la gamificación de la violencia, ya que en algunos foros extremistas, los ataques son celebrados como logros, generando incentivos simbólicos y comunitarios a la acción violenta. Este fenómeno ha sido llamado "gamificación de la yihad" o "terrorismo performativo" (Awan, 2017).

Las respuestas a estas amenazas han incluido el rastreo automatizado de contenido extremista, a través de herramientas como PhotoDNA o inteligencia artificial para detectar contenidos violentos (Europol, 2022); la eliminación de cuentas y contenidos asociados a terrorismo, en coordinación con plataformas digitales (ej. EU Internet Forum) y la Criminalización de la apología del terrorismo y la radicalización online, como en el Código Penal en España.

Sin embargo, estas medidas han generado preocupaciones por la delgada línea entre vigilancia legítima y vigilancia masiva, el riesgo de criminalizar disenso político o expresiones religiosas no violentas o la falta de transparencia en los algoritmos de moderación de contenidos. En este sentido, organizaciones como Human Rights Watch y el Consejo de Derechos Humanos de la ONU han exigido criterios de legalidad, necesidad y proporcionalidad, así como mecanismos de apelación frente a bloqueos o sanciones digitales. Por todo ello, el abordaje de la radicalización online no puede limitarse a una lógica punitiva o reactiva. La literatura especializada ha insistido en la necesidad de estrategias preventivas que incluyan la educación digital crítica, que desarrolle competencias mediáticas, capacidad de verificación y pensamiento crítico desde edades tempranas (UNESCO, 2021), narrativas alternativas, que cuestionen los discursos extremistas y promuevan referentes positivos de inclusión y diversidad (Briggs & Feve, 2013), iniciativas comunitarias de resiliencia, donde actores locales lideren proyectos de cohesión social, escucha activa y contención emocional. Aunque la efectividad de estos enfoques depende en gran medida del contexto cultural y socioeconómico, y debe ser diseñada con perspectiva de género, interculturalidad y derechos humanos.

El ciberterrorismo y la radicalización online constituyen amenazas híbridas, de naturaleza global, descentralizada y simbólica. Su combate no puede reducirse a herramientas tecnológicas ni a respuestas represivas, sino que requiere una arquitectura integral de prevención, regulación y educación. La construcción de una ciberseguridad democrática pasa, necesariamente, por el fortalecimiento del tejido social, la inclusión y la defensa de los derechos digitales fundamentales.

ACTORES EN EL ECOSISTEMA DE LAS CIBERAMENAZAS

El ciberespacio ha configurado un escenario inédito donde convergen actores con intereses, capacidades y estructuras organizativas radicalmente distintas, pero que comparten un mismo medio operativo. A diferencia de los conflictos convencionales, donde el poder militar y estatal predomina, en el ámbito digital la asimetría es la regla, y actores individuales o colectivos, estatales o no, pueden generar disrupciones significativas a nivel nacional e internacional. Este apartado propone una tipología analítica de los actores relevantes en el ecosistema de las ciberamenazas, atendiendo a criterios como su nivel de organización, motivación, respaldo institucional, grado de sofisticación técnica y alcance geográfico. La comprensión de esta ecología hostil es clave para diseñar respuestas eficaces, legítimas y adaptadas a la complejidad del entorno digital.

Los Estados nacionales representan los actores más poderosos y persistentes en el ciberespacio. Muchos de ellos han desarrollado capacidades cibernéticas ofensivas y defensivas dentro de sus doctrinas militares y estructuras de inteligencia, operando bajo principios de disuasión, espionaje, sabotaje o propaganda digital y que ya se han desarrollado de manera profunda en el capítulo precedente. Pero conviene recordar algunos actores estatales importantes en cada país. Por ejemplo, China, a través de unidades como el APT41 o el PLA Unit 61398, se le atribuyen múltiples campañas de espionaje económico y político (FireEye, 2020). Rusia mediante el GRU (unidad 26165) y la Internet Research Agency, que ha ejecutado operaciones de desinformación, hackeo electoral e interrupción de infraestructuras (Mueller, 2019). También Estados Unidos posee una de las estructuras más avanzadas del mundo a través del Cyber Command (USCYBERCOM) y la NSA, habiendo desplegado herramientas ofensivas como Stuxnet en cooperación con Israel. E Irán y Corea del Norte, que han utilizado sus capacidades cibernéticas como herramientas de compensación estratégica, particularmente en contextos de sanciones económicas y aislamiento geopolítico. Estos actores estatales, recordemos, operan en un marco de ambigüedad jurídica, donde el ciberespacio aún no cuenta con reglas vinculantes internacionales claras. Las actividades se amparan en doctrinas de seguridad nacional, bajo la lógica del "plausible deniability".

En muchas ocasiones, los Estados recurren a actores intermedios o proxies, que funcionan como brazos operativos no oficiales. Esta figura híbrida permite combinar la capacidad técnica autónoma, la flexibilidad estructural y, lo más importante, la desvinculación política formal. En este caso operan grupos como Wagner Group (en su vertiente digital), APT33 (asociado a Irán), Lazarus Group (RPDC) o incluso mafias cibernéticas, que han sido señaladas como instrumentos encubiertos de proyección estatal (Maurer, 2018). En suma, esta estrategia ofrece ventajas clave ya que minimiza los costos diplomáticos en caso de ser descubiertos, facilita la penetración prolongada sin respuesta inmediata y fragmenta la atribución jurídica y política de la acción ofensiva.

Por otro lado, las mafias digitales transnacionales son actores clave en la expansión de amenazas como el ransomware, el phishing financiero, el lavado de criptomonedas o el tráfico de datos personales. Operan con modelos de negocio especializados, como Ransomware-as-a-Service (RaaS), se ubican en jurisdicciones permisivas o sin tratados de extradición, usan criptomonedas con alta privacidad (Monero, Zcash) para dificultar el rastreo financiero y poseen estructura descentralizada, reclutan globalmente y operan a través de foros ocultos (dark web). Un ejemplo paradigmático es el grupo REvil, desmantelado parcialmente en 2022 por autoridades rusas, operaba con estructuras compartimentadas y contrataba desarrolladores freelance para producir malware personalizado (Europol, 2022).

También el hacktivismo representa una forma híbrida de acción política digital que utiliza técnicas informáticas ofensivas (como DDoS, defacement, doxing) con fines ideológicos, generalmente no lucrativos. Carecen de estructura jerárquica fija. Actúan desde principios de autonomía, descentralización y horizontalidad. Utilizan símbolos y narrativas propias (Guy Fawkes, lenguaje de la cultura hacker). Los grupos emblemáticos aquí son Anonymous, que aunque descentralizado, ha liderado campañas globales contra gobiernos autoritarios, empresas transnacionales y organizaciones religiosas. LulzSec, con un perfil más irónico y nihilista, que ejecutó ataques simbólicos a Sony, FBI, CIA y otras entidades. Si bien sus acciones no siempre constituyen cibercrímenes organizados, sí plantean dilemas ético-legales sobre los límites de la protesta digital y el activismo político.

A pesar de su aparente debilidad, individuos con altas competencias técnicas o acceso privilegiado pueden generar efectos complejos y sistemáticos. En este grupo de individuos se encuentran los Insiders, empleados o exempleados que explotan su conocimiento del sistema para cometer actos de sabotaje o filtración, el caso más paradigmático es Edward Snowden, quien filtró documentos clasificados de la NSA. Los Whistleblowers, denunciantes que exponen irregularidades institucionales, aunque pueden estar legalmente protegidos en algunas jurisdicciones, son perseguidos en otras como amenazas de seguridad. Y los Script kiddies, actores sin habilidades profundas, que utilizan herramientas preconfiguradas descargadas de Internet, aunque menos sofisticados, pueden ser peligrosos si atacan infraestructuras mal protegidas.

Otro grupo de actores son las plataformas digitales comerciales (Google, Meta, Twitter/X, Telegram) ya que actúan como infraestructuras críticas de información, y su diseño algorítmico, reglas de moderación y sistemas de monetización afectan directamente la visibilidad, difusión y éxito de las ciberamenazas. Aunque no sean perpetradores directos, su responsabilidad social corporativa, sus respuestas regulatorias y sus mecanismos de colaboración con los Estados son factores decisivos en la ecología de la ciberseguridad. Su rol se ha intensificado en procesos de moderación de contenido, identificación de redes automatizadas y eliminación de cuentas vinculadas a actores estatales extranjeros.

En definitiva, el ecosistema de ciberamenazas no es monolítico, sino profundamente heterogéneo, compuesto por actores con lógicas, capacidades y marcos normativos distintos. Cualquier estrategia integral de ciberseguridad debe partir de un mapeo riguroso y dinámico de estos actores, diferenciando su nivel de peligrosidad, grado de articulación institucional y capacidad de disrupción sistémica. Solo desde esta pluralidad analítica será posible diseñar respuestas democráticas, eficaces y adaptadas a la complejidad digital contemporánea.

ANÁLISIS DE CASOS PARADIGMÁTICOS

Los estudios de caso constituyen una herramienta fundamental para ilustrar la traducción concreta de los conceptos teóricos en dinámicas reales, especialmente en un campo como la ciberseguridad, donde la abstracción técnica puede obscurecer la magnitud de sus implicaciones políticas, jurídicas y sociales. En este apartado se abordan varios incidentes cibernéticos paradigmáticos que revelan la evolución del conflicto digital contemporáneo: Stuxnet, como punto de inflexión en la militarización del ciberespacio (aunque ya se ha desarrollado en el caso de la ciberguerra, aquí se profundiza en él para mostrar la naturaleza híbrida y las escasas fronteras entre cibercrimen, ciberguerra y ciberterrorismo); Shamoon, como caso de ciberterrorismo a través de un ciberataque; NotPetya y Wannacry, como manifestaciones extremas de la ciberguerra encubierta con daños colaterales globales (aquí se vuelve a poner de manifiesto ese problema entre la frontera crimen-guerra); el ataque de Conti a Costa Rica, que exhibe la capacidad de los grupos criminales organizados para someter a un Estado soberano a una crisis estructural; los casos Colonial Pipeline y SolarWinds, que ponen de manifiesto la debilidad de las infraestructuras críticas y las consecuencias devastadoras de los ciberatques; el caso Mirai como uno de los primeros en los que se utilizó el poder del IoT —Internet de las Cosas—; y el caso MOAB (Mother of All Breaches), considerado la mayor brecha de datos de la historia. Cada caso representa un tipo de amenaza distinta, pero todos comparten la lógica de ambigüedad, disrupción e inestabilidad que define el entorno cibernético actual. Se exponen cada uno de ellos a continuación:

Stuxnet: el precedente del sabotaje digital estatal

El caso Stuxnet, descubierto en 2010, supuso un antes y un después en el entendimiento de las capacidades ofensivas en el ciberespacio. Atribuido de forma no oficial a Estados Unidos e Israel, Stuxnet fue el primer malware diseñado para atacar infraestructuras físicas a través de sistemas digitales, en este caso los controladores industriales SCADA utilizados en las centrifugadoras de uranio de la planta nuclear de Natanz, Irán (Langner, 2011). La sofisticación técnica del ataque incluyó el uso de múltiples vulnerabilidades zero-day, certificados digitales robados y una propagación altamente dirigida. La lógica operativa de Stuxnet rompía con el paradigma defensivo del ciberespacio y lo convertía en un campo de operaciones militares activas.

El impacto de Stuxnet fue doble, por un lado, generó daños físicos a las instalaciones nucleares iraníes, retrasando su programa de enriquecimiento; por otro, inauguró la posibilidad de guerras invisibles, sin declaración formal ni intervención convencional. Como advierte Zetter (2014), su uso marcó la primera vez que una línea de código reemplazaba a un misil como herramienta de sabotaje estratégico. Este caso sentó las bases para la doctrina ofensiva cibernética de varias potencias, sin que hasta hoy exista un marco normativo internacional claro que regule el uso de ciberarmas. La comunidad jurídica ha debatido si este ataque violó el artículo 2(4) de la Carta de las Naciones Unidas, que prohíbe el uso de la fuerza en relaciones internacionales. La ausencia de una respuesta formal por parte de Irán refleja tanto la dificultad de atribución jurídica como el temor a escalar una confrontación sin precedentes (Schmitt, 2020).

Shamoon: ciberataque terrorista

Uno de los casos más emblemáticos y devastadores de ciberterrorismo en la historia es el ataque con el malware Shamoon en 2012, dirigido contra la empresa estatal saudí Saudi Aramco, una de las mayores compañías petroleras del mundo. Este incidente no solo causó daños significativos a nivel operativo y económico, sino que también evidenció la capacidad de los actores cibernéticos para llevar a cabo ataques con motivaciones políticas y destructivas. El 15 de agosto de 2012, el malware Shamoon fue desplegado en la red interna de Saudi Aramco, infectando más de 30.000 estaciones de trabajo. El ataque fue atribuido a un grupo autodenominado Cutting Sword of Justice, que afirmó actuar en represalia por las políticas del gobierno saudí. Shamoon estaba diseñado para recopilar archivos de los sistemas infectados, transmitirlos a los atacantes y luego sobrescribir el registro de arranque maestro (MBR), inutilizando los equipos afectados. Además, el malware mostraba una imagen de una bandera estadounidense en llamas durante el proceso de destrucción, lo que sugiere una intención simbólica y propagandística detrás del ataque.

El ataque paralizó las operaciones digitales de Saudi Aramco, obligando a la empresa a desconectarse de Internet y a operar manualmente durante varios días. La restauración de los sistemas requirió la adquisición urgente de miles de discos duros nuevos, lo que provocó un aumento temporal en la demanda global de estos componentes. Aunque las operaciones de producción de petróleo no se vieron afectadas directamente, el ataque expuso la vulnerabilidad de las infraestructuras críticas ante amenazas cibernéticas y generó preocupación a nivel internacional sobre la seguridad energética.

El ataque con Shamoon se enmarca en un contexto de tensiones geopolíticas en Oriente Medio, y algunos analistas lo interpretaron como una posible represalia por los ciberataques previos contra instalaciones nucleares iraníes, como el caso de Stuxnet. La sofisticación del malware y la elección de un objetivo estratégico como Saudi Aramco sugieren la participación de actores estatales o grupos con capacidades avanzadas, lo que ha llevado a debates sobre la atribución y la naturaleza de la ciberguerra en el ámbito internacional. El ataque de Shamoon contra Saudi Aramco representó un punto de inflexión en la historia del ciberterrorismo, al demostrar cómo un malware puede ser utilizado para causar daños físicos y económicos significativos con motivaciones políticas. Este incidente subraya la necesidad de fortalecer las defensas cibernéticas de las infraestructuras críticas y de establecer marcos internacionales para la prevención y respuesta ante amenazas cibernéticas de esta magnitud (Bronk & Tikk-Ringas, 2013).

NotPetya: guerra híbrida y colapso global de sistemas

En junio de 2017, el ataque de NotPetya demostró que la militarización del ciberespacio había superado el estadio de experimentación controlada. Atribuido al grupo Sandworm del GRU ruso, NotPetya fue disfrazado de ransomware, pero en realidad funcionaba como un wiper, diseñado para destruir información irreversiblemente, paralizando por completo sistemas operativos. El vector inicial fue una actualización del software de contabilidad ucraniano M.E.Doc, una puerta de entrada a miles de redes que incluían tanto entidades gubernamentales como empresas internacionales con operaciones en Ucrania.

El daño de NotPetya fue extraordinario: paralizó puertos, farmacéuticas, bancos y sistemas logísticos globales. Maersk, por ejemplo, vio comprometidas todas sus operaciones marítimas y tuvo que reinstalar 4.000 servidores en una semana. Las pérdidas económicas estimadas superaron los 10.000 millones de dólares (CISA, 2021). Más allá del impacto económico, el caso puso en evidencia cómo un ataque dirigido a un Estado puede generar efectos dominó en la economía global, exacerbando la interdependencia digital y la fragilidad estructural de los sistemas interconectados.

Desde la perspectiva del derecho internacional, NotPetya plantea una violación de la soberanía ucraniana, pero también del principio de no intervención, al afectar indirectamente a terceros Estados. A diferencia de Stuxnet, el ataque fue caótico, descontrolado y sin distinción clara entre objetivos militares y civiles, lo que abre interrogantes sobre la aplicabilidad del Derecho Internacional Humanitario en ciberconflictos, especialmente en lo relativo al principio de distinción y proporcionalidad (Schmitt, 2020; Maurer, 2018).

Wannacry: más guerra híbrida

El ataque de ransomware WannaCry, ocurrido el 12 de mayo de 2017, representa uno de los ciberataques más significativos de la historia reciente, tanto por su alcance global como por sus implicaciones geopolíticas y técnicas. WannaCry explotó la vulnerabilidad conocida como EternalBlue en el protocolo SMBv1 de Microsoft Windows. Este exploit, desarrollado por la Agencia de Seguridad Nacional de Estados Unidos (NSA), fue filtrado por el grupo de hackers The Shadow Brokers en abril de 2017. A pesar de que Microsoft había lanzado el parche de seguridad MS17-010 en marzo de 2017, muchas organizaciones no lo aplicaron a tiempo, lo que permitió la propagación del malware.

WannaCry combinaba funcionalidades de ransomware con capacidades de gusano informático, lo que le permitía propagarse automáticamente a través de redes vulnerables sin intervención del usuario. Una vez infectado un sistema, el malware cifraba los archivos y exigía un rescate de 300 a 600 dólares en bitcoins para su liberación. En pocas horas, WannaCry infectó más de 230.000 sistemas en al menos 150 países, afectando a organizaciones como el Servicio Nacional de Salud del Reino Unido (NHS), Telefónica en España, FedEx, Renault y Nissan. El NHS sufrió interrupciones significativas, incluyendo la cancelación de citas médicas y el desvío de ambulancias. Se estima que el ataque causó pérdidas económicas de aproximadamente 4.000 millones de dólares a nivel mundial (Kaspersky, 2017).

El investigador de seguridad británico Marcus Hutchins descubrió accidentalmente un "interruptor de apagado" en el código de WannaCry, lo que ayudó a detener su propagación. Microsoft también tomó medidas inusuales al lanzar parches de seguridad para versiones obsoletas de Windows, como XP y Server 2003, que ya no contaban con soporte oficial. El Departamento de Justicia de EE. UU. atribuyó el ataque al grupo Lazarus, vinculado al gobierno de Corea del Norte, señalando que el objetivo principal era causar disrupción y caos más que obtener beneficios económicos (CISA, 2017).

WannaCry puso de manifiesto la importancia de aplicar actualizaciones de seguridad de manera oportuna y de mantener infraestructuras tecnológicas actualizadas. También generó un debate sobre la responsabilidad de las agencias gubernamentales en la divulgación de vulnerabilidades y la necesidad de establecer normas internacionales claras sobre el uso de herramientas cibernéticas ofensivas.

Conti vs. Costa Rica: ransomware como arma de colapso estatal

En abril de 2022, Costa Rica se convirtió en un laboratorio empírico de lo que podría ser una crisis nacional causada exclusivamente por un grupo cibercriminal transnacional. El grupo Conti, vinculado a redes delictivas rusas, ejecutó un ataque masivo que afectó al Ministerio de Hacienda y luego se propagó a más de 25 instituciones públicas. Se exigió un rescate de 20 millones de dólares. Ante la negativa del gobierno a negociar, los atacantes filtraron datos sensibles y paralizaron plataformas clave, incluidas las aduanas, lo que bloqueó las exportaciones e importaciones del país (CISA, 2022).

El impacto de este ataque no se limitó al ámbito económico. El recién asumido presidente Rodrigo Chaves se vio obligado a declarar el estado de emergencia nacional, una medida inédita en el derecho constitucional contemporáneo para un incidente de naturaleza digital. Las repercusiones incluyeron la interrupción de servicios de salud, educación y administración pública, revelando que el ransomware ya no es solo un delito económico, sino una amenaza a la soberanía y continuidad del Estado.

Este caso pone de relieve la asimetría en capacidades defensivas entre Estados con infraestructuras críticas más expuestas y grupos criminales con recursos técnicos y financieros extraordinarios. Asimismo, expone las carencias del sistema internacional, que no cuenta con un mecanismo efectivo para brindar apoyo técnico, financiero o diplomático inmediato a países en desarrollo víctimas de ciberataques de alta intensidad (OECD, 2021).

Colonial Piopeline: ataque a infraestructuras críticas

El ataque de ransomware a Colonial Pipeline en mayo de 2021 constituye un hito en la historia de la ciberseguridad, al exponer de manera contundente las vulnerabilidades de las infraestructuras críticas frente a amenazas digitales. Este incidente no solo interrumpió el suministro de combustible en la costa este de Estados Unidos, sino que también evidenció la necesidad urgente de reforzar las políticas de ciberseguridad a nivel nacional e internacional. El 7 de mayo de 2021, Colonial Pipeline, responsable de transportar aproximadamente el 45% del combustible consumido en la costa este de EE. UU., sufrió un ataque de ransomware atribuido al grupo criminal DarkSide. Los atacantes lograron acceder a los sistemas de TI de la empresa mediante credenciales comprometidas, lo que llevó a la interrupción preventiva de las operaciones del oleoducto para contener la amenaza (Reeder & Hall, 2021).

La interrupción del servicio provocó escasez de combustible y aumentos de precios en varias regiones, generando una crisis que llevó al gobierno estadounidense a declarar el estado de emergencia para facilitar el transporte de combustible por medios alternativos. Colonial Pipeline pagó un rescate de aproximadamente 4.4 millones de dólares en bitcoins para recuperar el acceso a sus sistemas. Posteriormente, el Departamento de Justicia de EE. UU. logró recuperar una parte significativa de ese monto, evidenciando la capacidad de las autoridades para rastrear y confiscar activos digitales obtenidos ilícitamente (CISA, 2023).

Este ataque resaltó la dependencia de las infraestructuras críticas de sistemas digitales y la necesidad de implementar medidas de seguridad más robustas. Además, puso de manifiesto la importancia de la colaboración entre el sector público y privado para prevenir y responder eficazmente a ciberataques. A raíz del incidente, se intensificaron los esfuerzos legislativos y regulatorios en EE. UU. para fortalecer la ciberseguridad de las infraestructuras críticas. Se introdujeron múltiples iniciativas legislativas y se establecieron nuevas directrices obligatorias para las empresas del sector energético, marcando un cambio significativo respecto a las políticas anteriores, que eran en gran medida voluntarias. Además, el ataque impulsó una reevaluación de la estrategia nacional de ciberseguridad, destacando la necesidad de una mayor resiliencia y preparación ante amenazas digitales. Se reconoció que la protección de las infraestructuras críticas requiere un enfoque integral que combine tecnología avanzada, políticas efectivas y una cooperación estrecha entre todos los actores involucrados (Reeder & Hall, 2021).

El caso de Colonial Pipeline subraya la creciente amenaza que representan los ciberataques para la seguridad nacional y la estabilidad económica. Este incidente sirve como un llamado de atención sobre la necesidad de adoptar medidas proactivas y coordinadas para proteger las infraestructuras críticas en un entorno digital cada vez más complejo y peligroso.

SolarWinds: vulnerabilidad en el mundo hiperconectado. Ataque a las cadenas de suministro

El ataque a SolarWinds, descubierto en diciembre de 2020, es considerado uno de los incidentes de ciberespionaje más sofisticados y extensos de la historia reciente. Este ataque comprometió la cadena de suministro de software y afectó a múltiples agencias gubernamentales de Estados Unidos, así como a numerosas organizaciones privadas y extranjeras. Los atacantes lograron infiltrarse en la infraestructura de desarrollo de SolarWinds, una empresa que proporciona software de gestión de redes y sistemas. Modificaron el código fuente de su plataforma Orion, introduciendo un malware conocido como SUNBURST. Este malware fue distribuido a través de actualizaciones legítimas del software entre marzo y junio de 2020, afectando a aproximadamente 18.000 clientes que instalaron estas versiones comprometidas (Techtarget, 2023).

El ataque se caracterizó por su sofisticación y sigilo. El malware SUNBURST permanecía inactivo durante un período inicial para evadir detección y luego establecía comunicación con servidores de comando y control. Una vez dentro de las redes objetivo, los atacantes utilizaban herramientas como Cobalt Strike para moverse lateralmente y acceder a sistemas sensibles. Además, explotaron vulnerabilidades en servicios como Microsoft Office 365 para obtener acceso a correos electrónicos y otros datos confidenciales.

El ataque afectó a múltiples agencias del gobierno de EE. UU., incluyendo los departamentos del Tesoro, Comercio y Energía, así como a empresas privadas de alto perfil. La magnitud del compromiso llevó a que el senador Richard J. Durbin lo describiera como "equivalente a una declaración de guerra". La respuesta implicó una revisión exhaustiva de las redes afectadas y la implementación de medidas de mitigación para prevenir futuros incidentes similares (Techtarget, 2023).

Las investigaciones atribuyeron el ataque al grupo APT29, también conocido como "Cozy Bear", vinculado al Servicio de Inteligencia Exterior de Rusia (SVR). Este grupo ha estado asociado previamente con otras campañas de ciberespionaje dirigidas a gobiernos y organizaciones internacionales (Tran, 2021).

El incidente de SolarWinds resaltó la vulnerabilidad de las cadenas de suministro de software y la necesidad de una vigilancia constante en la seguridad de los procesos de desarrollo y distribución. También subrayó la importancia de la colaboración entre el sector público y privado para detectar y responder eficazmente a amenazas cibernéticas avanzadas (Tran, 2021).

Mirai: el poder del IoT

El ataque más significativo hasta la fecha que ha explotado dispositivos del Internet de las Cosas (IoT) es el perpetrado por la botnet Mirai en octubre de 2016. Este incidente marcó un hito en la historia de la ciberseguridad al demostrar cómo dispositivos IoT inseguros pueden ser utilizados para lanzar ataques de denegación de servicio distribuidos (DDoS) a gran escala, afectando a infraestructuras críticas de Internet. Mirai es un malware diseñado para infectar dispositivos IoT que ejecutan sistemas basados en Linux, como cámaras IP, grabadoras de video digital (DVR) y routers domésticos. El malware escanea la red en busca de dispositivos que utilicen credenciales predeterminadas o débiles, y una vez comprometidos, los convierte en "bots" controlados remotamente. Estos bots se agrupan en una botnet que puede ser utilizada para lanzar ataques coordinados.

El 21 de octubre de 2016, Mirai fue utilizada para atacar a Dyn, un proveedor de servicios de DNS. Este ataque provocó interrupciones en el acceso a numerosos sitios web populares, incluyendo Twitter, Netflix, Spotify y Airbnb, afectando a millones de usuarios en América del Norte y Europa. El ataque a Dyn evidenció la vulnerabilidad de la infraestructura de Internet frente a dispositivos IoT inseguros y la necesidad urgente de mejorar las medidas de seguridad en estos dispositivos.

El incidente de Mirai subrayó la importancia de la seguridad en dispositivos IoT. Muchos de estos dispositivos se comercializan con credenciales predeterminadas que los usuarios no cambian, facilitando su explotación por parte de atacantes. Además, el ataque destacó la necesidad de establecer estándares de seguridad más estrictos para dispositivos IoT y la importancia de la colaboración entre fabricantes, proveedores de servicios y usuarios para mitigar riesgos. Aunque los creadores originales de Mirai fueron identificados y procesados, el código fuente del malware fue liberado públicamente, lo que ha llevado a la aparición de múltiples variantes que continúan representando una amenaza (Tushir et al., 2021).

El ataque de la botnet Mirai en 2016 es un claro ejemplo de cómo la falta de seguridad en dispositivos IoT puede tener consecuencias globales. Este incidente ha servido como llamada de atención para la industria tecnológica y ha impulsado iniciativas para mejorar la seguridad en el creciente ecosistema de dispositivos conectados.

MOAB: datos para perpetrar otros ciberdelitos

La mayor brecha de datos conocida hasta la fecha es la denominada Mother of All Breaches (MOAB), descubierta en enero de 2024.

Esta filtración expuso aproximadamente 26.000 millones de registros de usuarios, consolidando datos de múltiples fuentes y representando un hito sin precedentes en la historia de la ciberseguridad. El investigador de ciberseguridad Bob Dyachenko, en colaboración con el equipo de Cybernews, identificó una base de datos de 12 terabytes alojada en una instancia de almacenamiento abierta. Esta recopilación incluía información de al menos 3.800 brechas previas, combinando datos de plataformas como Tencent, Weibo, Twitter, LinkedIn, Dropbox, Adobe, Canva y Telegram (McAfee, 2024).

Aunque gran parte de los datos provenían de filtraciones anteriores, la compilación sistemática y centralizada de esta información en un solo repositorio aumentó significativamente el riesgo de su explotación. Los registros incluían credenciales de acceso, direcciones de correo electrónico, números de teléfono y, en algunos casos, direcciones físicas, facilitando posibles ataques de suplantación de identidad y fraudes financieros. La magnitud de MOAB plantea serias preocupaciones sobre la seguridad de la información personal en la era digital. La disponibilidad de estos datos en foros clandestinos incrementa la probabilidad de su uso en actividades delictivas, como phishing, fraudes bancarios y ataques dirigidos. Además, la falta de claridad sobre la identidad del responsable de la compilación de esta base de datos añade un nivel de incertidumbre y complejidad al incidente.

Tras el descubrimiento, diversas organizaciones afectadas iniciaron investigaciones internas para evaluar el impacto y reforzar sus medidas de seguridad. Sin embargo, la naturaleza agregada de la filtración dificulta la identificación de todas las fuentes originales y la notificación a los usuarios comprometidos. Los expertos recomiendan a los usuarios verificar si sus datos han sido expuestos utilizando herramientas como *Have I Been Pwned* y adoptar prácticas de seguridad robustas, incluyendo la autenticación multifactor y la actualización regular de contraseñas (McAfee, 2024).

La brecha MOAB destaca la necesidad urgente de una gestión proactiva de la seguridad de los datos y la implementación de políticas más estrictas para la protección de la información personal. Este incidente sirve como un recordatorio de los riesgos inherentes al almacenamiento y manejo de grandes volúmenes de datos en la era digital y la importancia de la colaboración entre entidades públicas y privadas para mitigar futuras amenazas.

Los casos aquí examinados —Stuxnet, Shamoon, NotPetya, Wanacry, Conti Costa Rica, Colonial Pipeline, SolarWinds, Mirai, MOAB— muestran, desde distintas perspectivas, que el ciberespacio ha dejado de ser un mero entorno de intercambio digital para convertirse en un dominio estratégico de proyección de poder, conflicto e intimidación. Lo digital ya no es neutro ni marginal, sino que condiciona el ejercicio de la soberanía, la resiliencia institucional y la estabilidad global. Lo que antes eran amenazas a sistemas informáticos ahora se han convertido en riesgos existenciales para economías, gobiernos e incluso vidas humanas.

Frente a ello, resulta urgente repensar la gobernanza del ciberespacio bajo una triple lógica: primero, reconociendo su centralidad en el orden internacional contemporáneo; segundo, superando la visión militarizada o *securitizante* que reduce la ciberseguridad a la defensa estatal; y tercero, apostando por una arquitectura jurídica vinculante que establezca límites claros al uso de la fuerza digital, mecanismos de atribución verificables y marcos de cooperación solidaria, especialmente con países que no cuentan con capacidad técnica para defenderse eficazmente.

Los estudios de caso analizados no solo evidencian la materialización de las ciberamenazas descritas en este capítulo, sino que también sirven como indicadores de futuro. A medida que el mundo digital se convierte en la columna vertebral de la economía, la administración pública, la defensa y la vida cotidiana, la seguridad cibernética deja de ser un asunto técnico para convertirse en un imperativo estructural del contrato social. La gobernanza del ciberespacio ya no puede aplazarse. La historia reciente demuestra que la falta de regulación, coordinación y justicia digital no solo facilita el crimen o la guerra, sino que debilita los fundamentos mismos de la vida democrática.

IMPACTOS DE LAS CIBERAMENAZAS

Las ciberamenazas no solo constituyen una disrupción técnica o de seguridad: tienen efectos multidimensionales y transversales que repercuten profundamente en la estabilidad de los Estados, la integridad de los mercados, la confianza ciudadana y el régimen jurídico internacional. Desde el sabotaje a infraestructuras críticas y la manipulación electoral, hasta el colapso de empresas por ransomware o la vigilancia masiva de poblaciones, el impacto de las agresiones digitales trasciende los sistemas informáticos para reconfigurar dinámicas sociales, institucionales y geopolíticas.

Según estimaciones de Cybersecurity Ventures (2022), el coste global del ciberdelito superará los 10 billones de dólares anuales en 2025, incluyendo: Pérdidas directas por fraude, extorsión o robo de propiedad intelectual. Costes indirectos, como interrupciones operativas, gastos legales, daños reputacionales y aumento de las primas de ciberseguros. Costes estructurales, vinculados a la desinversión, deslocalización o cambios regulatorios forzados tras incidentes severos. Ejemplos de estos impactos son el ataque de ransomware a Colonial Pipeline, que provocó pérdidas superiores a los 4 millones de dólares solo en pagos, y un impacto indirecto masivo en el mercado de combustibles (CISA, 2021). El ciberataque a Maersk (2017), mediante el malware NotPetya, que generó pérdidas por más de 300 millones de dólares y afectó la logística portuaria global. O en América Latina, el ataque al Banco de Chile en 2018 que derivó en una pérdida directa de 10 millones de dólares, además de reformas regulatorias en ciberseguridad bancaria. Pero estos costes no se distribuyen equitativamente, ya que las pymes, los países en desarrollo y los sectores sin digitalización resiliente sufren los efectos más graves, lo que reproduce y amplía las brechas estructurales en la economía global (OECD, 2021).

En otro orden, las ciberamenazas también tienen un efecto corrosivo sobre el funcionamiento político, especialmente cuando impactan en procesos electorales, como las interferencias rusas en EE.UU. de 2016, el referéndum del Brexit de 2016 o Cataluña en 2017. Casos analizados anteriormente y que generan desinformación masiva, polarización y deslegitimación institucional y afecta la confianza pública, deteriorada tras filtraciones de datos sensibles, como el escándalo de Cambridge Analytica, que reveló el uso indebido de datos personales con fines políticos (Rid, 2020). También en Gobiernos locales, cuya infraestructura digital suele estar menos protegida. El impacto es tremendo, ejemplo de ello es el ataque a la ciudad de Atlanta en 2018, que paralizó servicios públicos por semanas. Además, muchas de estas amenazas provocan una externalización de decisiones públicas hacia actores privados tecnológicos (plataformas digitales), que terminan regulando de facto el discurso político, los contenidos permitidos y los marcos de censura.

A nivel social, los impactos de las ciberamenazas incluyen Vulneraciones masivas a la privacidad, como los casos de vigilancia mediante spyware (ej. Pegasus), que afectaron a periodistas, activistas y líderes opositores en países democráticos y autoritarios (Amnesty Tech, 2021). También un aumento de la desigualdad informacional y exclusión digital, ya que comunidades con menor acceso a formación tecnológica o infraestructura segura son más vulnerables a fraudes, robos de identidad o campañas de manipulación. Y la erosión de la cohesión social, derivada de campañas de desinformación que promueven odio, xenofobia o negacionismo científico, como ocurrió durante la pandemia de COVID-19. El ciberespacio se convierte así en un campo de batalla cultural y simbólico, donde se disputa la verdad, la legitimidad y el poder, muchas veces sin control institucional ni mecanismos de justicia epistémica.

Otro de los aspectos es que las ciberamenazas plantean problemas estructurales al derecho internacional y nacional, como se expondrá en el capítulo posterior. Estos problemas incluyen la falta de normas vinculantes, porque no existe un tratado internacional específico que regule el uso de la fuerza en el ciberespacio ni mecanismos de arbitraje eficaz ante ataques transnacionales. Los principios del derecho internacional humanitario (proporcionalidad, distinción, necesidad) son difíciles de aplicar a entornos digitales (Schmitt, 2020). La ambigüedad en la atribución, cuestión planteada con la ciberguerra, en la que la identificación del agresor digital es técnicamente compleja y jurídicamente incierta, lo que impide sancionar eficazmente a los responsables o aplicar medidas de represalia compatibles con el derecho internacional. Y los conflictos con los derechos humanos, ya que el uso de tecnologías de vigilancia masiva, biometría, interceptación de comunicaciones o censura de contenidos puede vulnerar derechos fundamentales como la privacidad, la libertad de expresión, el debido proceso o el derecho a la información (UNHRC, 2021). El carácter transnacional de muchas plataformas y herramientas dificulta su control jurídico, generando un vacío de responsabilidad entre jurisdicciones nacionales.

Frente a estos impactos, se requiere un rediseño profundo de la gobernanza digital global, que combine: Armonización normativa a nivel regional e internacional (ej. NIS2, Convención de Budapest). Los marcos de responsabilidad corporativa digital, especialmente para plataformas tecnológicas, en materia de ciberseguridad, transparencia algorítmica y moderación de contenidos son necesarios, como el reforzamiento del Estado de derecho digital, con aumento de la participación ciudadana, límites a la vigilancia estatal y mecanismos de rendición de cuentas en entornos automatizados. Las políticas redistributivas y de justicia digital, que reduzcan la brecha de acceso, protejan a grupos vulnerables y fomenten la resiliencia social frente a amenazas digitales también son necesarias en esta maraña de actores e impactos analizados del cibercrimen (y de la ciberguerra).

En definitiva, las ciberamenazas no son únicamente un fenómeno técnico o militar: son vectores de transformación estructural que afectan a la economía, la política, la vida social y el orden jurídico. Su impacto acumulativo pone en cuestión la sostenibilidad del contrato social digital, exigiendo una respuesta integral que supere la lógica reactiva y apueste por una ciberseguridad democrática, equitativa y centrada en derechos.

ESTRATEGIAS DE RESPUESTA Y MITIGACIÓN

Frente al crecimiento exponencial de las ciberamenazas —en complejidad, volumen y alcance—, los Estados, las organizaciones internacionales, las empresas tecnológicas y la sociedad civil se han visto forzados a repensar los fundamentos de la seguridad digital. La respuesta a estas amenazas no puede reducirse a soluciones nacionales fragmentadas ni limitarse a una lógica estrictamente reactiva. Se impone la necesidad de una estrategia articulada de mitigación que combine prevención, detección, respuesta y resiliencia, en el marco de una gobernanza que respete el Estado de derecho, la cooperación multilateral y los derechos humanos (OECD, 2021).

La gobernanza cibernética se perfila como una dimensión central del orden internacional contemporáneo, aunque marcada por la fragmentación, la disparidad normativa y la creciente disputa geopolítica en torno a los marcos de control del ciberespacio (UN GGE & OEWG, 2021). La diversidad de actores involucrados, la evolución acelerada de las tecnologías digitales y la asimetría de capacidades entre los Estados dificultan la creación de un régimen común, eficiente y legítimo. A escala nacional, muchos Estados han incorporado la ciberseguridad como componente estructural de sus estrategias de defensa y sus doctrinas de seguridad nacional. En el caso de Estados Unidos, la ciberseguridad se organiza en torno a la doctrina de "defensa persistente" y capacidades ofensivas anticipatorias, desplegadas a través de agencias como la NSA y el U.S. Cyber Command (Maurer, 2018). Este modelo combina capacidades de vigilancia masiva, disuasión activa y ciberinteligencia, con fuerte inversión estatal y alianzas con el sector privado.

En contraste, la Unión Europea ha promovido un enfoque normativo y multiactor, fundamentado en la articulación de derechos fundamentales, seguridad jurídica y resiliencia institucional. La Directiva NIS2, por ejemplo, establece estándares mínimos para la protección de infraestructuras críticas y promueve la cooperación intergubernamental y el fortalecimiento de capacidades a través de ENISA, su agencia especializada (ENISA, 2022).

Pese a las divergencias, todos estos modelos comparten una creciente conciencia de que la resiliencia no depende exclusivamente de la infraestructura técnica, sino también de la cultura organizativa, de los marcos normativos y de la alfabetización digital de la ciudadanía (OECD, 2021). Así, la ciberseguridad se integra como dimensión estructural del diseño institucional de los Estados modernos.

La creciente transnacionalización de las amenazas digitales ha incentivado múltiples intentos de cooperación internacional, con resultados dispares. En el plano multilateral, los Grupos de Expertos Gubernamentales (GGE) y el Grupo de Trabajo Abierto (OEWG) de las Naciones Unidas han establecido una serie de principios no vinculantes sobre el comportamiento responsable de los Estados en el ciberespacio. Entre estos principios destacan la necesidad de respetar la soberanía digital, abstenerse de atacar infraestructuras críticas y aplicar el derecho internacional humanitario en conflictos digitales (UN GGE & OEWG, 2021).

No obstante, el avance hacia instrumentos jurídicos vinculantes ha sido limitado debido a profundas tensiones geopolíticas. Mientras las democracias occidentales sostienen la aplicabilidad de normas internacionales preexistentes, como la Carta de las Naciones Unidas y el derecho internacional humanitario, Estados como Rusia y China abogan por un modelo de "ciberespacio soberano", que legitima el control interno y la desconexión regulada de redes (Maurer, 2018).

En el ámbito regional, la Unión Europea ha mostrado un liderazgo normativo destacado, con el desarrollo del Cyber Diplomacy Toolbox y el establecimiento de regímenes de sanciones para responder a ataques digitales (ENISA, 2022). El Convenio de Budapest, promovido por el Consejo de Europa, se ha consolidado como el tratado más importante en materia de lucha contra la ciberdelincuencia, con más de 60 países adheridos. En América Latina, la OEA ha impulsado políticas de fortalecimiento de capacidades nacionales, aunque con escasa armonización regional. En Asia, el diálogo ha sido más bilateral, destacando acuerdos de cooperación tecnológica entre potencias como Japón, Corea del Sur y Singapur (OECD, 2021).

Pese a estos avances, la cooperación internacional enfrenta límites estructurales: la ausencia de mecanismos de atribución verificados de manera independiente, la reticencia de ciertos Estados a compartir inteligencia, y la marcada desigualdad en capacidades cibernéticas entre países del norte y del sur global. Esta situación genera un entorno fragmentado, donde las reglas son débiles y la impunidad en el ciberespacio se mantiene alta (Rid, 2020).

Una de las características distintivas del entorno digital contemporáneo es que gran parte de las infraestructuras críticas, servicios esenciales y plataformas de comunicación están en manos de empresas tecnológicas privadas. Corporaciones como Microsoft, Google, Amazon o Meta no solo prestan servicios, sino que configuran de facto el ecosistema digital global, estableciendo estándares técnicos, políticas de acceso y mecanismos de moderación de contenido (Microsoft, 2017).

Ante esta realidad, muchos Estados han optado por modelos de gobernanza multiactor que involucran alianzas público-privadas, protocolos de colaboración en incidentes cibernéticos, y plataformas de intercambio de inteligencia como ISACs (Information Sharing and Analysis Centers). Iniciativas como el Cybersecurity Tech Accord o la Paris Call for Trust and Security in Cyberspace promueven marcos de cooperación entre gobiernos, empresas y organizaciones de la sociedad civil, orientados a establecer principios comunes en la gobernanza digital (OECD, 2021).

Sin embargo, este modelo plantea desafíos normativos importantes. La privatización de funciones tradicionalmente estatales —como la regulación del discurso o la defensa de infraestructuras— puede dar lugar a déficits de legitimidad democrática, falta de rendición de cuentas y conflictos de interés entre seguridad pública y rentabilidad empresarial (UNHRC, 2021). Por ello, se hace imperativo desarrollar mecanismos de supervisión, auditoría y regulación que aseguren que estas colaboraciones no vulneren derechos fundamentales ni sustituyan la soberanía política por lógicas corporativas.

Frente al riesgo de que la ciberseguridad derive en un paradigma militarizado o tecnocrático, diversas voces en el ámbito académico y multilateral han impulsado un enfoque basado en derechos humanos. Esta perspectiva considera que la protección digital debe garantizar, y no restringir, derechos como la libertad de expresión, la privacidad, el acceso equitativo a la información y la participación política (UNHRC, 2021). En este sentido, las estrategias de mitigación deben incorporar estándares de transparencia algorítmica, mecanismos efectivos de apelación y reparación en casos de censura o vigilancia indebida, y garantías normativas frente al uso de tecnologías intrusivas. Asimismo, se plantea la necesidad de fortalecer la resiliencia democrática, entendida no solo como resistencia técnica frente a ataques, sino como la capacidad institucional y social de proteger los procesos deliberativos, los sistemas electorales, el pluralismo informativo y la autonomía digital de la ciudadanía (Microsoft, 2017; Rid, 2020).

De este modo, la ciberseguridad se configura no únicamente como un dispositivo de defensa frente a amenazas, sino como una condición estructural para la vigencia de un orden democrático en la era digital. Las estrategias de mitigación y gobernanza cibernética deben superar la lógica defensiva reactiva y apostar por una arquitectura resiliente, equitativa y jurídicamente sólida. Ello implica combinar cooperación internacional efectiva, regulación democrática de los actores tecnológicos, participación multiactor y una visión integral de los derechos en entornos digitales. La construcción de una gobernanza cibernética robusta no solo previene el colapso sistémico frente a amenazas emergentes, sino que consolida un nuevo pacto social para la era digital, en el que la seguridad, la libertad y la justicia sean compatibles y reforzadas mutuamente.

Capítulo 5
La Ciberdiplomacia Global

> **143ª Asamblea de la Unión Interparlamentaria (Madrid):**
> *"La Ciberdiplomacia no es solo una herramienta de cooperación técnica, sino una nueva arquitectura de confianza global frente a amenazas que no reconocen fronteras".*
>
> Rodríguez Gómez, A.A (2021).

La ciberdiplomacia constituye un subcampo emergente dentro de las Relaciones Internacionales y la diplomacia contemporánea, orientado a la articulación de normas, mecanismos y estructuras para la gobernanza del ciberespacio. De acuerdo con Barrinha y Renard (2020), este concepto puede entenderse como la extensión de la diplomacia tradicional a las dinámicas digitales, particularmente en lo que respecta a la construcción de confianza, la resolución de conflictos, y el diseño de marcos normativos globales en un entorno caracterizado por alta volatilidad e interdependencia.

La ciberdiplomacia no se limita a las acciones estatales formales, sino que incorpora también prácticas informales y multiactorales donde participan empresas tecnológicas, organismos intergubernamentales y organizaciones de la sociedad civil. De hecho, la noción de "regímenes complejos", propuesta por Nye (2014), adquiere relevancia para comprender el modo en que múltiples instituciones y actores convergen en la formación de reglas que rigen el ciberespacio.

El propósito de la ciberdiplomacia se articula en tres dimensiones clave:

a) Protección de intereses nacionales y soberanía digital: En un entorno donde la infraestructura crítica se encuentra crecientemente interconectada, los estados deben garantizar la seguridad de sus sistemas de información frente a amenazas como el espionaje digital, la manipulación de datos y el sabotaje (Hathaway et al., 2012; Klimburg, 2017).

b) Fomento de la cooperación internacional: En línea con los principios del institucionalismo neoliberal, se promueve la cooperación para abordar amenazas transnacionales como el cibercrimen, el hacktivismo y el terrorismo digital (Carr, 2016). Iniciativas como los informes del Grupo de Expertos Gubernamentales de la ONU (UNGGE) han sido fundamentales para establecer estándares de conducta estatal.

c) Desarrollo de un marco normativo multilateral: La necesidad de una regulación internacional del ciberespacio ha llevado al impulso de tratados, guías normativas (como el Manual de Tallin 2.0), y mecanismos de resolución de disputas en entornos digitales (Schmitt, 2017; Tsagourias & Farrell, 2020).

En el contexto contemporáneo, el ciberespacio se ha consolidado como un entorno geopolítico de primer orden. Estados, corporaciones y actores no estatales utilizan este dominio para proyectar poder, establecer esferas de influencia y, en muchos casos, realizar operaciones encubiertas con fines estratégicos (Deibert, 2020). En este sentido, la ciberdiplomacia adquiere una función esencial para mitigar conflictos, reducir asimetrías y estructurar un orden digital global más equitativo.

La relevancia de la ciberdiplomacia se ha visto acrecentada por la creciente frecuencia de ciberataques dirigidos contra infraestructuras críticas y sistemas electorales, lo cual ha provocado tensiones internacionales y ha puesto en cuestión los principios básicos del derecho internacional (Maurer, 2021). Esta situación ha derivado en la necesidad de mecanismos diplomáticos preventivos, así como de una arquitectura normativa sólida que facilite la cooperación interestatal frente a amenazas comunes.

PERSPECTIVAS REALISTAS Y NEORREALISTAS: POLÍTICA DE PODER EN LA CIBERDIPLOMACIA

En el análisis de la ciberdiplomacia a través del prisma del realismo y el neorrealismo, se observa una preocupación central por las dinámicas de poder interestatal y la búsqueda de seguridad nacional en un entorno anárquico, como es concebido el sistema internacional. Ambas corrientes teóricas coinciden en que los Estados son los principales actores del orden internacional y que su comportamiento está guiado fundamentalmente por el interés propio, entendido como preservación de la soberanía y maximización de capacidades. En el ámbito digital, esta lógica se proyecta en la utilización del ciberespacio como extensión del terreno geopolítico clásico, donde las herramientas cibernéticas son empleadas tanto para disuadir como para coaccionar, y en ocasiones, desestabilizar a otros actores.

La ciberdiplomacia, desde esta óptica, no es simplemente un mecanismo de coordinación internacional, sino una forma de política exterior en la que el poder se ejerce mediante la amenaza implícita o explícita de capacidades cibernéticas ofensivas. Esta forma de diplomacia encarna el principio clásico del realismo según el cual la seguridad no es un estado alcanzable en términos absolutos, sino un objetivo relativo en permanente tensión. Así, los Estados buscan incrementar su resiliencia digital y, al mismo tiempo, debilitar la de sus competidores mediante operaciones que van desde el espionaje hasta la desinformación y el sabotaje digital, como ha sido documentado en los estudios de Nye (2017) y Buchanan (2020).

La lógica del equilibrio de poder en el ciberespacio se evidencia en la proliferación de estrategias nacionales de ciberseguridad que priorizan la disuasión activa y la capacidad ofensiva. Países como Estados Unidos, China y Rusia han desarrollado doctrinas cibernéticas con componentes explícitos de proyección de fuerza digital, reforzando sus estructuras militares y diplomáticas con unidades especializadas en operaciones cibernéticas ofensivas. Este fenómeno reproduce, en clave digital, la carrera armamentista tradicional, pero con una peculiaridad: la opacidad. A diferencia de las capacidades militares convencionales, las capacidades cibernéticas son difíciles de detectar, cuantificar o verificar, lo que complica cualquier intento de generar estabilidad estratégica y hace que el ciberespacio sea un terreno fértil para las estrategias de ambigüedad calculada.

En esta dinámica, el ciberespacio se transforma en un escenario de conflicto latente, donde los actos de agresión rara vez se reconocen como tales, y donde la atribución de ataques constituye una barrera jurídica y técnica que beneficia a los agresores. La doctrina neorrealista, con su énfasis en la estructura del sistema internacional y la distribución del poder, permite comprender cómo la asimetría en capacidades cibernéticas se convierte en una fuente de poder estructural. Estados con mayores niveles de conectividad y dependencia tecnológica, como los países del norte global, son paradójicamente más vulnerables a ataques, lo cual obliga a una reevaluación constante de sus estrategias de defensa digital, como lo plantea Valeriano et al. (2018).

Uno de los elementos más complejos desde una mirada realista es la noción de soberanía en el ciberespacio. Como ha señalado Mueller (2019), la disociación entre territorio físico y control digital desafía la concepción tradicional del Estado soberano. Esta indeterminación genera un entorno inestable en el que la jurisdicción, la responsabilidad y el control de los flujos de información se disputan continuamente entre actores estatales y no estatales, favoreciendo una lógica de confrontación encubierta. Los Estados, en respuesta, desarrollan mecanismos tanto legales como técnicos para reterritorializar el ciberespacio, imponiendo filtros, redes soberanas o cortafuegos que aseguren un mayor grado de control interno sobre la circulación digital.

La ciberdiplomacia, por tanto, no puede entenderse solo como una herramienta de diálogo, sino como un instrumento estratégico que responde a la lógica hobbesiana de un orden internacional competitivo y potencialmente conflictivo. La promoción de normas internacionales y marcos regulatorios en foros multilaterales, como los trabajos del Grupo de Expertos Gubernamentales de la ONU (UNGGE), aunque relevante, suele estar supeditada a los intereses nacionales de las grandes potencias, quienes negocian reglas a partir de su capacidad para imponer términos o vetar propuestas no alineadas con sus agendas estratégicas. Incluso los esfuerzos por institucionalizar la cooperación suelen estar atravesados por relaciones asimétricas que reflejan las jerarquías del sistema internacional, reafirmando así el diagnóstico realista de que la gobernanza global es un campo de disputa por la hegemonía normativa.

Asimismo, desde una perspectiva de balance de poder, la diplomacia cibernética puede ser entendida como un medio para contener o contrarrestar el ascenso de rivales geoestratégicos. Por ejemplo, el fortalecimiento de alianzas como la OTAN en su dimensión cibernética —a través del Centro de Excelencia en Defensa Cibernética Cooperativa— no solo persigue la protección colectiva, sino también la disuasión contra adversarios percibidos, particularmente aquellos que utilizan tácticas híbridas y ciberataques para erosionar la cohesión del bloque occidental. Esta dimensión estratégica es reconocida también por autores como Rid (2020), quien advierte que los ciberataques se han convertido en un instrumento rutinario del repertorio estratégico de los Estados.

En conclusión, la ciberdiplomacia, desde las perspectivas realistas y neorrealistas, se configura como un instrumento de proyección de poder que reproduce las lógicas tradicionales de rivalidad entre Estados en un nuevo entorno operativo. La competencia por el control del ciberespacio, la búsqueda de superioridad técnica y la resistencia a la imposición de normas universales constituyen pilares fundamentales de este enfoque, en el que la diplomacia es una herramienta más de la estrategia nacional en el tablero digital global.

PERSPECTIVAS LIBERALES E INSTITUCIONALISTAS: COOPERACIÓN, NORMAS Y GOBERNANZA

Frente al enfoque centrado en la competencia y el conflicto interestatal que caracteriza al realismo, las teorías liberales e institucionalistas proponen una lectura alternativa del comportamiento internacional, basada en la posibilidad de cooperación racional entre actores, la interdependencia compleja y la creación de instituciones como mecanismos eficaces para la gobernanza global. En este marco teórico, la ciberdiplomacia se concibe no como un campo de confrontación, sino como una oportunidad para construir marcos compartidos de normas, coordinación institucional y confianza mutua. El ciberespacio, en este sentido, se convierte en un ámbito donde la gobernanza multinivel puede prevenir conflictos y facilitar la gestión conjunta de riesgos.

El liberalismo parte del supuesto de que los actores internacionales —incluidos no solo los Estados, sino también organizaciones internacionales, empresas y actores de la sociedad civil— pueden cooperar de forma efectiva cuando existen intereses comunes, beneficios recíprocos y estructuras institucionales que reduzcan los costos de transacción. Este paradigma es particularmente aplicable al ciberespacio, donde las amenazas compartidas, como el cibercrimen, el hacktivismo o las campañas de desinformación, afectan a una pluralidad de actores sin distinción de fronteras geográficas o ideológicas. Por lo tanto, el diseño de mecanismos institucionales para coordinar respuestas, compartir información y establecer estándares técnicos representa no solo una posibilidad deseable, sino una necesidad estructural en el mundo digital interconectado.

La institucionalización de la ciberdiplomacia se manifiesta en el desarrollo de marcos normativos y mecanismos de cooperación interestatal, muchos de los cuales han sido impulsados desde foros multilaterales como Naciones Unidas. En particular, el Grupo de Expertos Gubernamentales sobre Ciberseguridad (UNGGE), establecido en 2004, ha sido una plataforma clave para el consenso progresivo en torno a principios de conducta estatal responsable en el ciberespacio. Los informes del UNGGE —especialmente los de 2015, 2017 y 2021— han establecido normas sobre transparencia, debida diligencia, soberanía digital, y no intervención, consolidando así una arquitectura de gobernanza orientada a la estabilidad internacional (United Nations, 2021).

Junto a estas iniciativas globales, la gobernanza regional también ha desempeñado un papel fundamental. La Unión Europea ha liderado la adopción de marcos jurídicos como la Directiva NIS (Network and Information Security Directive) y ha promovido estrategias como la Caja de herramientas de la ciberdiplomacia, un conjunto de instrumentos orientados a responder diplomáticamente a ciberataques mediante sanciones coordinadas, intercambios diplomáticos y medidas restrictivas (European Commission, 2020). Este modelo de respuesta diplomática y multilateral, alineado con los principios institucionalistas, subraya la importancia de actuar colectivamente ante amenazas comunes y de fomentar la creación de normas que establezcan expectativas claras de comportamiento.

Asimismo, el liberalismo reconoce el papel central que desempeñan las instituciones internacionales como estabilizadores del comportamiento estatal, particularmente cuando operan bajo principios de transparencia, previsibilidad y resolución pacífica de disputas.

Organizaciones como la Organización para la Seguridad y la Cooperación en Europa (OSCE) han promovido medidas de fomento de la confianza cibernética (CBMs), como la notificación previa de ejercicios cibernéticos o el establecimiento de canales de comunicación directos entre los estados, con el fin de evitar malentendidos o escaladas innecesarias. Estas medidas no solo reducen la incertidumbre estratégica, sino que también promueven un entorno de cooperación funcional, donde los intereses divergentes pueden negociarse dentro de un marco regulado.

Desde una perspectiva más avanzada del institucionalismo neoliberal, es necesario destacar el papel que juegan los "regímenes" —conjuntos de principios, normas, reglas y procedimientos de toma de decisiones— en la estructuración de las interacciones internacionales. En el contexto de la ciberdiplomacia, esto se traduce en una proliferación de regímenes paralelos y a menudo solapados que abordan distintos aspectos de la gobernanza digital: ciberseguridad, comercio electrónico, privacidad de datos, gobernanza técnica de Internet, etc. Este enfoque ha sido descrito por Nye (2014) como un "complejo de regímenes", una arquitectura fragmentada pero funcional que permite coordinar políticas entre múltiples actores sin necesidad de una autoridad centralizada.

Un aspecto que ha adquirido creciente relevancia en esta configuración es el papel de las empresas tecnológicas transnacionales. Firmas como Microsoft, Google, Amazon o Huawei no solo operan las infraestructuras críticas de la economía digital, sino que también participan activamente en la creación de estándares técnicos, prácticas de seguridad y recomendaciones políticas. Estas corporaciones actúan como "emprendedores normativos", en el sentido propuesto por Finnemore y Sikkink (1998), influyendo en la definición de normas aceptables y en su difusión a través de mecanismos públicos-privados. La "Iniciativa de Ginebra" de Microsoft, por ejemplo, es un intento de establecer principios internacionales de conducta responsable en el ciberespacio con base en un consenso multiactor.

Cabe destacar también la implicación de actores de la sociedad civil y ONGs como la Electronic Frontier Foundation (EFF) o Access Now, que han sido fundamentales en la inclusión de enfoques centrados en derechos humanos dentro del debate sobre ciberdiplomacia. Estos actores abogan por marcos normativos que protejan la privacidad, la libertad de expresión y los derechos digitales, equilibrando así las preocupaciones de seguridad con el respeto a los principios democráticos. La inclusión de estas perspectivas en los procesos diplomáticos ha enriquecido el debate sobre gobernanza digital, ampliando sus horizontes más allá del interés estatal.

La interacción entre todos estos actores, marcos y principios confirma el diagnóstico liberal de que la cooperación es no solo posible, sino también funcional en contextos de alta interdependencia como el ciberespacio. Sin embargo, como advierte Keohane (2005), dicha cooperación depende de la existencia de instituciones sólidas que reduzcan los problemas de asimetría de información, garanticen mecanismos de rendición de cuentas y permitan sancionar comportamientos desviados. La ciberdiplomacia institucionalizada debe, por tanto, combinar flexibilidad adaptativa con mecanismos normativos robustos, en un entorno donde la tecnología evoluciona con rapidez y las amenazas mutan constantemente.

En definitiva, las perspectivas liberales e institucionalistas permiten comprender la ciberdiplomacia como un instrumento para la construcción de paz, la estabilización de expectativas y la consolidación de normas compartidas en el ciberespacio. A través de regímenes multinivel, alianzas estratégicas y cooperación técnica, los actores internacionales articulan respuestas colectivas a desafíos complejos, demostrando que la diplomacia en la era digital puede operar bajo lógicas de cooperación sostenida, más allá de la competencia interestatal.

ENFOQUES CONSTRUCTIVISTAS: IDENTIDAD, PERCEPCIÓN Y NORMAS CIBERNÉTICAS

A diferencia de las corrientes realistas y liberales, que centran su análisis en estructuras materiales como el poder, las capacidades o las instituciones formales, el constructivismo en las Relaciones Internacionales introduce una mirada centrada en las dimensiones ideacionales de la política global. Desde esta perspectiva, los intereses y comportamientos de los actores internacionales no están dados a priori, sino que se construyen socialmente a través de procesos de interacción, significación compartida y prácticas discursivas. Aplicado al estudio de la ciberdiplomacia, este enfoque permite comprender cómo el ciberespacio no es simplemente un dominio técnico o jurídico, sino también un entorno simbólico donde se definen identidades, se moldean percepciones de amenaza y se articulan normas de comportamiento aceptable.

La identidad, en clave constructivista, es una categoría central que configura cómo los actores —particularmente los Estados— se ven a sí mismos y a los demás en el sistema internacional. Estas autoidentificaciones no solo informan las percepciones de seguridad, sino que también guían las prácticas diplomáticas. En el ámbito digital, los Estados construyen y proyectan su identidad cibernética a través de políticas públicas, declaraciones diplomáticas, participación en foros multilaterales y el diseño de estrategias nacionales de ciberseguridad. Así, el modo en que un Estado se concibe como defensor del orden digital, como potencia tecnológica, como víctima estructural del cibercrimen o como promotor de los derechos digitales, configura el tipo de diplomacia que despliega en el ciberespacio.

Este proceso identitario es relacional y dinámico. Un Estado puede definir su identidad cibernética como "responsable" en oposición a otros actores percibidos como "revisionistas" o "desestabilizadores". De hecho, el lenguaje que se utiliza para describir a otros actores en documentos estratégicos —como "amenazas persistentes avanzadas" o "adversarios patrocinados por Estados"— revela narrativas que no solo comunican peligro, sino que también legitiman la adopción de ciertas conductas, como el desarrollo de capacidades ofensivas o la exclusión tecnológica. La percepción de amenaza en el ciberespacio, entonces, no es objetiva, sino construida a partir de marcos interpretativos, experiencias históricas y procesos de securitización, como lo han señalado autores como Hansen y Nissenbaum (2009).

A la par de las identidades, el constructivismo otorga un papel central a las normas internacionales, entendidas no como simples reglas de comportamiento, sino como prescripciones socialmente compartidas que definen qué conductas son apropiadas o inaceptables en un contexto determinado. En el caso de la ciberdiplomacia, las normas cibernéticas han surgido como respuestas colectivas —y en constante negociación— frente a la ambigüedad jurídica que caracteriza al ciberespacio. La labor del UNGGE en el establecimiento de principios como la debida diligencia, la soberanía digital o la no intervención digital refleja este proceso normativo. Sin embargo, estas normas no se imponen por decreto, sino que emergen del juego de influencias, persuasión y resistencia entre actores con visiones diversas sobre la gobernanza del ciberespacio.

Uno de los aportes más relevantes del enfoque constructivista es precisamente su capacidad para visibilizar el papel de actores no estatales en la configuración de estas normas. Las grandes corporaciones tecnológicas, como Microsoft, Google o Huawei, no se limitan a cumplir normativas impuestas desde el Estado; por el contrario, participan activamente en su diseño, formulación y promoción. Estas empresas operan como "emprendedores normativos", un concepto acuñado por Finnemore y Sikkink (1998), que describe a aquellos actores que promueven nuevas normas mediante marcos argumentativos, campañas de incidencia y coaliciones transnacionales. Por ejemplo, el llamado a un "Digital Geneva Convention" liderado por Microsoft expresa un intento explícito de inscribir ciertas expectativas de comportamiento dentro del lenguaje del derecho internacional humanitario.

Este proceso normativo, como subraya Adler (2002), no es lineal ni consensuado. Las normas compiten entre sí, se reinterpretan y en ocasiones se fragmentan en regímenes normativos paralelos. En el campo de la ciberdiplomacia, esta fragmentación se evidencia en la coexistencia de iniciativas lideradas por distintos polos de poder —Estados Unidos, Unión Europea, Rusia, China—, cada uno promoviendo una visión particular de soberanía digital, control del contenido y gobernanza técnica de Internet. Así, el ciberespacio se convierte en un terreno de disputa normativa donde las reglas del juego son objeto de construcción continua.

La dimensión discursiva es también fundamental en este enfoque. Las narrativas oficiales, los discursos diplomáticos y los marcos conceptuales utilizados para describir amenazas, aliados o normas son parte constitutiva de la realidad internacional. El uso de expresiones como "libertad en línea", "autonomía digital" o "resiliencia cibernética" no es neutral, sino que posiciona a los actores dentro de un entramado de significados que orientan sus prácticas. En este sentido, la ciberdiplomacia no solo negocia tratados o coordina respuestas, sino que también disputa el lenguaje, el sentido y las categorías con las que se nombra el mundo digital.

Otro componente constructivista clave es el papel de la socialización internacional. A través de su participación en organizaciones multilaterales, conferencias internacionales y foros técnicos como ICANN o el Foro de Gobernanza de Internet, los Estados y otros actores aprenden mutuamente, ajustan sus expectativas y convergen —aunque parcialmente— en ciertas prácticas compartidas. Este proceso de socialización, basado en mecanismos de emulación, internalización y aprendizaje normativo, permite explicar por qué incluso actores con visiones divergentes pueden llegar a acuerdos básicos sobre principios como la protección de infraestructuras críticas o la obligación de no atacar sistemas médicos en contextos de crisis.

Finalmente, es importante resaltar que para el constructivismo, la gobernanza del ciberespacio no es simplemente un asunto de control técnico o jurídico, sino también un ejercicio de configuración social. La manera en que se define qué es una "amenaza cibernética", qué constituye una "respuesta proporcional", o quién tiene legitimidad para "atribuir responsabilidad" en un ciberataque, no responde únicamente a parámetros técnicos, sino a construcciones sociales ancladas en identidades, normas y relaciones de poder.

En suma, el enfoque constructivista permite entender la ciberdiplomacia como un campo donde se construyen y disputan significados, se negocian normas emergentes y se configuran identidades colectivas. Esta mirada aporta una comprensión más rica y compleja del ciberespacio como un entorno no solo materialmente interdependiente, sino también simbólicamente cargado, donde la diplomacia digital es, ante todo, una práctica de construcción social del orden internacional.

TEORÍAS CRÍTICAS: ANÁLISIS DE LA CIBERDIPLOMACIA DESDE ESTRUCTURAS DE PODER Y HEGEMONÍA

Las teorías críticas en las Relaciones Internacionales se distinguen por su vocación emancipadora y por su interés en develar las estructuras subyacentes de poder que moldean las dinámicas globales. A diferencia del realismo, que acepta el statu quo del sistema internacional como una condición permanente, y del liberalismo, que confía en la capacidad racional de las instituciones para mitigar el conflicto, el pensamiento crítico pone en cuestión los supuestos normativos, las jerarquías naturalizadas y las formas de exclusión que estructuran el orden internacional. En el contexto de la ciberdiplomacia, estas teorías resultan especialmente útiles para comprender cómo la gobernanza del ciberespacio reproduce desigualdades, concentra poder en actores dominantes y silencia voces periféricas.

El ciberespacio, lejos de ser un terreno neutral o descentralizado, ha devenido en un espacio profundamente politizado donde se manifiestan relaciones de dominación tecnológica y geopolítica. Las grandes potencias digitales —particularmente Estados Unidos y China— controlan gran parte de las infraestructuras críticas, los estándares técnicos y los ecosistemas de datos que sustentan la economía y la comunicación global. Esta concentración de poder no solo tiene implicancias económicas, sino que otorga a estos actores una capacidad desproporcionada para influir en la formulación de normas, para imponer condiciones de acceso y para definir los parámetros de lo que se considera legítimo en el entorno digital.

Desde una mirada gramsciana, puede afirmarse que existe una forma de hegemonía digital, ejercida tanto por Estados como por corporaciones transnacionales, que se expresa en la capacidad de producir consensos, naturalizar jerarquías tecnológicas y moldear las reglas del juego global. Este dominio no opera solamente por coacción o imposición, sino mediante mecanismos de consentimiento que se articulan a través de la diplomacia tecnológica, la narrativa de la innovación y la retórica de la cooperación multilateral. La ciberdiplomacia, en este sentido, no es un terreno neutro de negociación, sino un espacio donde se dirime qué actores tienen voz, qué problemas son prioritarios y qué soluciones son consideradas viables.

La producción de normas en foros como el UNGGE o el Open-Ended Working Group (OEWG) de Naciones Unidas, si bien representa avances hacia una gobernanza cibernética compartida, no está exenta de tensiones estructurales. La participación de actores del Sur Global es frecuentemente limitada, no solo por razones logísticas o presupuestarias, sino también por una arquitectura diplomática que privilegia los intereses y lenguajes normativos del Norte Global. Las agendas dominantes tienden a centrarse en la protección de la propiedad intelectual, la lucha contra el cibercrimen transnacional y la defensa de las infraestructuras críticas de los países desarrollados, dejando en un segundo plano temas como la justicia digital, el acceso equitativo al conocimiento o la descolonización tecnológica.

Desde esta perspectiva, la ciberdiplomacia puede ser comprendida también como un instrumento que reproduce la lógica de la seguridad nacional de las potencias dominantes, en detrimento de una verdadera seguridad humana digital. El énfasis en la ciberdefensa, la disuasión y la vigilancia tiende a consolidar un paradigma securitizante del ciberespacio, que desplaza la discusión sobre derechos digitales, justicia informacional y equidad tecnológica. Como ha señalado DeNardis (2014), la infraestructura de Internet y sus gobernanzas no son apolíticas, sino profundamente imbricadas en estructuras de poder que favorecen la centralización, la vigilancia y la subordinación de intereses periféricos.

Además, las teorías críticas advierten que la arquitectura institucional de la gobernanza digital global tiende a replicar patrones de exclusión. Foros multilaterales como ICANN, ITU o el propio UNGGE operan bajo lógicas tecnocráticas y diplomáticas que muchas veces resultan inaccesibles para comunidades del Sur Global, pueblos indígenas, actores feministas o movimientos sociales. La ausencia de estas voces no es un simple problema de representatividad, sino un reflejo de las asimetrías epistémicas que estructuran el campo de la diplomacia digital: quién tiene derecho a definir los problemas, a establecer las soluciones y a legitimar las fuentes de conocimiento técnico.

En este contexto, es posible identificar prácticas de resistencia y contestación que buscan reconfigurar los marcos dominantes de la ciberdiplomacia. Iniciativas como el Foro Social de Internet, los movimientos por la soberanía tecnológica, y los llamados a una gobernanza más democrática de los datos, representan esfuerzos por subvertir las jerarquías establecidas y por proponer alternativas que privilegien la inclusión, la equidad y la justicia digital. Estas prácticas críticas no solo interpelan las estructuras de poder existentes, sino que también prefiguran nuevos imaginarios de cooperación tecnológica basados en la solidaridad, la reciprocidad y la transparencia.

La crítica a la hegemonía en la ciberdiplomacia también se manifiesta en el análisis de las narrativas de atribución y legitimación de la fuerza cibernética. Las potencias tecnológicas utilizan su dominio sobre los medios de comunicación y las plataformas digitales para construir narrativas hegemónicas sobre la "amenaza extranjera" o el "enemigo digital", justificando así políticas de ciberseguridad que pueden resultar violatorias de derechos fundamentales. En muchos casos, la atribución de ciberataques se realiza sin estándares probatorios compartidos, lo que permite la instrumentalización geopolítica de la ciberdiplomacia como mecanismo de exclusión, sanción o deslegitimación internacional.

Por otra parte, la lectura crítica permite advertir cómo el régimen internacional de propiedad intelectual —que regula gran parte del conocimiento tecnológico que sustenta la gobernanza digital— refuerza las dinámicas de dependencia y subordinación tecnológica de los países del Sur Global. El acceso a tecnologías críticas, herramientas de cifrado, inteligencia artificial o software de seguridad está muchas veces condicionado por restricciones legales, patentes o acuerdos comerciales que benefician a las economías avanzadas. Esta asimetría estructural limita la capacidad de los Estados periféricos para participar de manera autónoma en los procesos de diplomacia tecnológica y los obliga a actuar como receptores normativos, más que como cocreadores de reglas globales.

En definitiva, las teorías críticas invitan a repensar la ciberdiplomacia no solo como una práctica técnica de resolución de problemas, sino como un campo político atravesado por relaciones de poder, luchas hegemónicas y tensiones normativas. Esta mirada permite recuperar preguntas fundamentales sobre justicia, representación y legitimidad en la gobernanza digital, y ofrece herramientas para imaginar modelos alternativos de diplomacia tecnológica basados en la equidad, la pluralidad epistémica y la justicia estructural.

HITOS EN LA EVOLUCIÓN DE LA CIBERDIPLOMACIA

La evolución de la ciberdiplomacia, como práctica internacional emergente, refleja los cambios profundos que ha atravesado la política global a partir de la transformación digital. Más que una cronología de eventos aislados, los hitos históricos de la ciberdiplomacia deben comprenderse como momentos de inflexión en los que se ha producido una reconfiguración del poder, del derecho y de las estructuras de gobernanza en el ciberespacio. Cada etapa en esta trayectoria ha estado marcada por la interacción entre avances tecnológicos, amenazas emergentes y la necesidad de articular respuestas diplomáticas multilaterales capaces de garantizar seguridad, confianza y estabilidad en un entorno crecientemente interdependiente.

El surgimiento embrionario de la ciberdiplomacia puede situarse en la década de los noventa, cuando la progresiva masificación de Internet comenzó a impactar directamente en las relaciones interestatales. La comunicación electrónica entre líderes mundiales —como el intercambio de correos electrónicos entre Bill Clinton y Carl Bildt en 1994— constituyó no solo un gesto simbólico, sino un primer indicio de que las tecnologías digitales iban a modificar las formas tradicionales de interacción diplomática (Potter, 2002). Esta fase incipiente, caracterizada por una diplomacia digital aún informal, coincidió con el desarrollo de los primeros marcos jurídicos internacionales vinculados al cibercrimen, entre los que destaca el Convenio de Budapest (2001), impulsado por el Consejo de Europa. Este instrumento, aún vigente y ampliamente ratificado, estableció un marco legal pionero para la cooperación judicial en materia de delitos informáticos y recolección de evidencia electrónica, anticipando los desafíos que plantearía el ciberespacio para el derecho internacional.

La década de los 2000 marcó un punto de inflexión en la consolidación de la ciberdiplomacia como política pública y campo de práctica. La institucionalización de estrategias nacionales de ciberseguridad en países como Estados Unidos, Reino Unido, China y Rusia coincidió con la creación de estructuras diplomáticas específicas —como la Oficina del Coordinador de Asuntos Cibernéticos del Departamento de Estado estadounidense— y la inclusión progresiva del tema en la agenda de organismos multilaterales. En 2004, la Asamblea General de Naciones Unidas estableció el Grupo de Expertos Gubernamentales (UNGGE) en Ciberseguridad, marcando el inicio de un proceso sostenido de diálogo intergubernamental orientado a establecer principios comunes para el comportamiento estatal en el ciberespacio.

Uno de los eventos más significativos en este periodo fue la publicación del Tallinn Manual on the International Law Applicable to Cyber Warfare en 2013, y posteriormente su versión ampliada Tallinn Manual 2.0 en 2017. Elaborado por expertos en derecho internacional bajo el auspicio del Centro de Excelencia de la OTAN en Defensa Cibernética, este compendio representó el esfuerzo más sistemático hasta ese momento por interpretar la aplicabilidad del derecho internacional humanitario y del derecho de la guerra a los conflictos cibernéticos. Aunque no vinculante, el Manual de Tallin ha adquirido una autoridad normativa considerable y ha influido tanto en debates académicos como en la formulación de doctrinas nacionales. Su publicación visibilizó la urgencia de contar con marcos jurídicos claros para responder a los conflictos cibernéticos, así como la dificultad de aplicar conceptos clásicos —como uso de la fuerza, agresión armada o legítima defensa— a operaciones digitales de difícil atribución y escala ambigua.

La segunda mitad de la década de 2010 y el inicio de la de 2020 constituyen un periodo de expansión, diversificación y complejización de la ciberdiplomacia. En este contexto, se observa una triple tendencia: por un lado, la multiplicación de foros multilaterales que abordan cuestiones cibernéticas desde distintos enfoques (seguridad, derechos humanos, comercio, desarrollo); por otro, el aumento exponencial de incidentes de ciberseguridad de alta visibilidad —como los ataques a infraestructuras críticas en Ucrania, las campañas de desinformación electoral o los ataques de ransomware transnacionales— que colocaron al ciberespacio en el centro de la agenda internacional; y finalmente, la consolidación de estrategias diplomáticas regionales, como el enfoque europeo materializado en la Caja de herramientas de la Ciberdiplomacia de la UE y la nueva Directiva NIS2.

En paralelo, organismos como la OSCE desarrollaron medidas de fomento de la confianza (CBMs) específicas para el entorno digital, incluyendo la notificación de ejercicios militares con componentes cibernéticos, la designación de puntos de contacto nacionales en casos de incidentes, y el establecimiento de canales diplomáticos de emergencia para gestionar escaladas cibernéticas. Estos mecanismos, que toman inspiración de la diplomacia preventiva de la Guerra Fría, buscan reducir el riesgo de malentendidos o conflictos accidentales derivados de operaciones digitales ambiguas. La incorporación de estas herramientas refleja una maduración en el tratamiento diplomático del ciberespacio, pasando de una lógica reactiva a una perspectiva preventiva y estabilizadora.

La pandemia de COVID-19 y la creciente dependencia de las tecnologías digitales para la continuidad del Estado, la economía y la educación acentuaron aún más la relevancia de la ciberdiplomacia como instrumento clave de gestión de la seguridad global. Durante esta etapa, se intensificaron las discusiones sobre soberanía digital, sobre el rol de las grandes tecnológicas como actores diplomáticos de facto, y sobre la necesidad de crear normas vinculantes que limiten el uso de capacidades ofensivas en contextos de emergencia sanitaria o humanitaria.

Finalmente, en los últimos años, se ha evidenciado un giro hacia una ciberdiplomacia más geopolíticamente explícita. Estados Unidos, la Unión Europea, China, Rusia e India han incorporado la diplomacia digital como pilar de sus estrategias de política exterior, articulando iniciativas bilaterales, regionales y multilaterales para moldear el orden cibernético internacional. Al mismo tiempo, la rivalidad tecnológica entre potencias y la militarización progresiva del ciberespacio han generado nuevas tensiones sobre el alcance y los límites de la diplomacia en este dominio, desafiando la posibilidad de acuerdos universales y acentuando la fragmentación normativa.

En resumen, la evolución de la ciberdiplomacia ha estado determinada por una creciente sofisticación de los actores, instrumentos y marcos institucionales involucrados en la gestión del ciberespacio. Desde sus orígenes simbólicos en la década de los noventa hasta su consolidación como eje estratégico de la política exterior contemporánea, la ciberdiplomacia refleja la necesidad urgente de construir una arquitectura internacional que permita navegar las complejidades técnicas, jurídicas y políticas de un entorno digital cada vez más disputado y esencial para la estabilidad global.

ACTORES EMERGENTES EN LA CIBERDIPLOMACIA

La diplomacia internacional, tradicionalmente concebida como una prerrogativa de los Estados soberanos, ha experimentado una transformación significativa con la aparición de actores no estatales dotados de capacidades técnicas, recursos económicos y legitimidad social en el entorno digital. En el contexto de la ciberdiplomacia, esta transformación no solo ha alterado la distribución de poder, sino también la naturaleza misma de la práctica diplomática, expandiendo su alcance más allá de las cancillerías y ministerios hacia redes tecnológicas, corporaciones globales, organizaciones de la sociedad civil y alianzas multiactor.

Uno de los actores más influyentes en este nuevo ecosistema diplomático son las empresas tecnológicas transnacionales. Corporaciones como Microsoft, Google, Amazon, Meta, Apple o Huawei poseen no solo recursos financieros comparables o superiores a los de muchos Estados, sino que también controlan infraestructuras críticas de almacenamiento, procesamiento y distribución de información a escala planetaria. Su poder se manifiesta tanto en la capacidad de definir estándares técnicos —mediante su participación en organismos como el W3C o el IETF— como en su influencia sobre la opinión pública global, a través del diseño algorítmico de plataformas que estructuran el acceso a la información (DeNardis, 2014).

La implicación de estas empresas en la ciberdiplomacia no es accidental, sino el resultado de una creciente interdependencia entre la política exterior de los Estados y los entornos digitales privados. Desde la perspectiva de la gobernanza multinivel, estos actores corporativos actúan como "diplomáticos de facto", participando en foros multilaterales, firmando acuerdos transgubernamentales y promoviendo sus propios marcos normativos. Un caso paradigmático es el de Microsoft y su propuesta de una *Convención Digital de Ginebra,* presentada en 2017, que planteaba la necesidad de establecer reglas claras sobre el comportamiento estatal en el ciberespacio y proponía la creación de una institución internacional neutral encargada de investigar ciberataques y atribuir responsabilidades (Smith, 2017).

Este activismo corporativo normativo ha sido interpretado por algunos autores como una forma de "privatización diplomática", en la que las grandes tecnológicas no solo actúan como proveedores de servicios, sino como sujetos con agenda propia en la conformación del derecho internacional digital (Powers & Jablonski, 2015). Sin embargo, esta participación también ha generado críticas respecto a la falta de transparencia, el déficit democrático y la ausencia de mecanismos efectivos de rendición de cuentas en las prácticas diplomáticas de estas empresas. Su doble rol como actores económicos y normativos plantea dilemas sustantivos sobre el control público de la tecnología, la protección de los derechos fundamentales y la legitimidad de las decisiones que afectan a millones de usuarios a nivel global.

Junto a las corporaciones, las organizaciones de la sociedad civil han emergido como actores clave en la promoción de derechos humanos digitales, transparencia en la gobernanza tecnológica y justicia informacional. Iniciativas como Access Now, Electronic Frontier Foundation (EFF), Privacy International o Article 19 desempeñan un papel fundamental en la vigilancia de prácticas gubernamentales, en la denuncia de violaciones a la privacidad o la libertad de expresión, y en la formulación de propuestas normativas inclusivas. Su participación en procesos multilaterales, como el *Paris Call for Trust and Security in Cyberspace* o el *Internet Governance Forum (IGF),* ha sido esencial para incorporar una perspectiva de derechos en los debates sobre ciberdiplomacia, muchas veces dominados por enfoques securitarios y empresariales (Dunn Cavelty, 2014).

Además de su función de control, las organizaciones de la sociedad civil también han contribuido a democratizar la discusión sobre tecnología, generando investigaciones independientes, campañas de sensibilización y espacios de formación ciudadana. Estas prácticas no solo empoderan a usuarios individuales, sino que también permiten generar una contraparte crítica frente a los intentos de monopolización normativa por parte de Estados o corporaciones. No obstante, estas organizaciones enfrentan obstáculos estructurales, como la escasez de recursos, las restricciones legales impuestas en regímenes autoritarios, y la exclusión sistemática de espacios de decisión relevantes, lo que limita su capacidad de incidencia efectiva (Gurumurthy & Chami, 2016).

En este escenario también han adquirido protagonismo las alianzas y redes transnacionales que operan bajo principios de gobernanza colaborativa. Iniciativas como *The Global Commission on the Stability of Cyberspace (GCSC)* o *The Freedom Online Coalition* congregan a representantes de gobiernos, empresas, academia y sociedad civil en procesos de diálogo orientados a formular recomendaciones políticas, establecer principios comunes y generar confianza mutua. Aunque estos espacios no producen normas legalmente vinculantes, su relevancia normativa reside en su capacidad para construir consensos, diseminar buenas prácticas y crear presión moral sobre los Estados para que alineen sus políticas con los principios acordados.

La participación de actores emergentes también ha reconfigurado los mecanismos de atribución, respuesta y rendición de cuentas ante ciberataques. Empresas privadas de ciberseguridad, como FireEye, CrowdStrike o Kaspersky, han desarrollado capacidades técnicas sofisticadas para analizar ataques, identificar vectores de intrusión y, en algunos casos, atribuir operaciones a actores estatales específicos. Esta función, que tradicionalmente era patrimonio exclusivo de los servicios de inteligencia, ha sido progresivamente externalizada, dando lugar a un complejo mercado de "atribución privada" con consecuencias diplomáticas directas. La credibilidad de estos informes y su uso como base para acciones diplomáticas —como sanciones, expulsiones de diplomáticos o rupturas de relaciones— plantea interrogantes sobre la veracidad, imparcialidad y fiabilidad de las pruebas presentadas, así como sobre el marco legal que debería regir estos procesos (Tsagourias & Farrell, 2020).

En términos generales, el ascenso de estos actores emergentes ha desafiado los marcos teóricos clásicos de las Relaciones Internacionales, obligando a repensar el concepto mismo de diplomacia. La ciberdiplomacia ya no puede ser comprendida únicamente como una actividad interestatal, sino como un entramado de prácticas multiactorales, distribuidas y en constante negociación. Este giro epistemológico ha dado lugar al desarrollo de enfoques híbridos que combinan análisis institucional, estudios de gobernanza, teoría crítica y sociología de las relaciones internacionales para capturar la complejidad del fenómeno.

En definitiva, la participación de empresas tecnológicas, organizaciones de la sociedad civil y redes transnacionales ha enriquecido el campo de la ciberdiplomacia, aportando nuevas perspectivas, conocimientos técnicos y demandas normativas. Al mismo tiempo, ha revelado las limitaciones del actual sistema internacional para integrar de manera equitativa y legítima a todos los actores relevantes. El futuro de la gobernanza digital global dependerá, en gran medida, de la capacidad colectiva para institucionalizar estos procesos multiactorales de forma transparente, inclusiva y responsable.

NORMAS CIBERNÉTICAS, GOBERNANZA Y DERECHO INTERNACIONAL

El establecimiento de normas sobre el comportamiento responsable de los Estados en el ciberespacio es esencial para promover la estabilidad y la seguridad global. Estas normas guían las interacciones entre los estados y ayudan a prevenir conflictos y malentendidos. Los informes del Grupo de Expertos Gubernamentales de la ONU (UNGGE) han sido fundamentales en el desarrollo de estas normas, promoviendo la conducta responsable y la cooperación internacional (United Nations, 2021).

Las normas sobre el comportamiento responsable de los Estados en el ciberespacio incluyen principios como la no proliferación de ciberarmas, la protección de infraestructuras críticas y la prohibición de ciberataques contra objetivos civiles. Estos principios buscan reducir el riesgo de conflictos y promover la cooperación entre los estados. La OSCE ha promovido la creación de normas regionales para la ciberseguridad, enfatizando la importancia de la transparencia y la confianza (OSCE, 2020).

La aplicación del derecho internacional en el ciberespacio es un aspecto crucial de la gobernanza global. Los principios de soberanía, no intervención y responsabilidad guían el comportamiento de los estados en el ciberespacio y ayudan a prevenir conflictos y malentendidos. La soberanía en el ciberespacio implica que los estados tienen el derecho de controlar y proteger sus infraestructuras digitales y sistemas informáticos dentro de sus fronteras. Este principio se aplica tanto a las actividades físicas como a las actividades remotas que tienen efectos en el territorio de un estado (Moynihan, 2019).

El principio de no intervención prohíbe que los estados interfieran en los asuntos internos de otros estados a través de actividades cibernéticas. Esto incluye la manipulación de información, el sabotaje de infraestructuras críticas y la realización de ciberataques que buscan influir en las decisiones políticas o económicas de otro estado. La aplicación de este principio en el ciberespacio es esencial para mantener la estabilidad y la paz internacional (Moynihan, 2019).

La responsabilidad en el ciberespacio implica que los estados deben tomar medidas para prevenir y responder a las amenazas cibernéticas que se originan en su territorio. Esto incluye la adopción de políticas y prácticas de ciberseguridad, la cooperación con otros estados y la creación de mecanismos para la gestión de incidentes cibernéticos. Los estados también deben rendir cuentas por las actividades cibernéticas que violan el derecho internacional y causar daños a otros estados (Moynihan, 2019).

La atribución de incidentes cibernéticos es uno de los desafíos más importantes en la aplicación del derecho internacional en el ciberespacio. La atribución se refiere al proceso de identificar al autor de un ciberataque, ya sea un individuo, un grupo o un estado. Este proceso es esencial para responsabilizar a los perpetradores y tomar medidas adecuadas para prevenir futuros ataques. Sin embargo, la atribución de incidentes cibernéticos presenta varios desafíos técnicos y legales (Tsagourias & Farrell, 2020).

Desde una perspectiva técnica, la atribución de ciberataques puede ser extremadamente difícil debido a la naturaleza anónima y distribuida del ciberespacio. Los atacantes pueden utilizar técnicas sofisticadas para ocultar su identidad y ubicación, como el uso de redes de bots, proxies y encriptación. Además, los ciberataques pueden ser realizados por actores estatales o no estatales, lo que complica aún más el proceso de atribución (Tsagourias & Farrell, 2020).

Desde una perspectiva legal, la atribución de ciberataques implica la aplicación de normas y principios del derecho internacional para determinar la responsabilidad de los estados. Esto incluye la evaluación de la evidencia, la determinación de la intención y la identificación de los actores responsables. La atribución legal también puede verse afectada por cuestiones de jurisdicción y soberanía, ya que los ciberataques pueden cruzar fronteras y afectar a múltiples estados (Tsagourias & Farrell, 2020).

Para abordar estos desafíos, se han propuesto varias soluciones, incluyendo la creación de agencias internacionales de atribución, la revisión de los determinantes legales de la atribución y la adopción de nuevos estándares de prueba. Estas soluciones buscan mejorar la efectividad del proceso de atribución y cerrar las brechas de responsabilidad existentes (Tsagourias & Farrell, 2020).

En resumen, la ciberdiplomacia desempeña un papel crucial en la prevención de conflictos y la promoción de la estabilidad en el ciberespacio. Los principios y mecanismos de la diplomacia preventiva, las medidas de fomento de la confianza y los enfoques diplomáticos para la desescalada de conflictos cibernéticos son herramientas esenciales para gestionar las amenazas cibernéticas y promover la cooperación internacional. Los estudios de caso de diálogos cibernéticos entre EE. UU. y Rusia, y EE. UU. y China, destacan la importancia de la transparencia, la comunicación y la cooperación en la gestión de la seguridad en el ciberespacio.

Además, el establecimiento de normas sobre el comportamiento responsable de los estados en el ciberespacio, la aplicación del derecho internacional y el desafío de la atribución en incidentes cibernéticos son aspectos fundamentales de la gobernanza global en el ciberespacio. La cooperación internacional y la creación de marcos normativos son esenciales para abordar estos desafíos y promover un entorno digital seguro y estable.

La consolidación de la ciberdiplomacia como campo operativo y normativo se ha visto profundamente influida por el desarrollo de acuerdos e iniciativas internacionales orientadas a establecer estándares comunes para el comportamiento estatal en el ciberespacio. Estos instrumentos, aunque diversos en alcance y nivel de obligatoriedad, representan un intento sostenido de articular principios que garanticen la estabilidad, la seguridad jurídica y la cooperación internacional en un entorno marcado por la asimetría técnica, la rápida evolución tecnológica y la creciente complejidad de los actores involucrados.

Uno de los acuerdos más antiguos y relevantes en este contexto es el Convenio de Budapest sobre la Ciberdelincuencia, adoptado por el Consejo de Europa en 2001. Este tratado, jurídicamente vinculante, representa el primer esfuerzo multilateral significativo por armonizar legislaciones penales, facilitar la cooperación transfronteriza y establecer procedimientos comunes para la investigación de delitos informáticos y la obtención de evidencia digital (Council of Europe, 2001). El Convenio ha sido ratificado por más de 65 Estados, incluyendo países no europeos como Estados Unidos, Japón, Australia y Argentina, lo que le confiere un alcance verdaderamente global. No obstante, su legitimidad ha sido cuestionada por actores como Rusia y China, que critican la centralidad de estándares occidentales en su diseño y la ausencia de un marco equitativo de participación en su redacción (Carr, 2016).

Otro instrumento central en el desarrollo de la ciberdiplomacia normativa es el conjunto de documentos elaborados por el Grupo de Expertos Gubernamentales (UNGGE) de Naciones Unidas. Desde su creación en 2004, este foro ha producido varios informes de consenso (2010, 2013, 2015, 2021) que, si bien no tienen carácter vinculante, han establecido principios fundamentales para el comportamiento estatal responsable en el ciberespacio. Entre los elementos más relevantes destacan el respeto a la soberanía digital, la prohibición de ataques a infraestructuras críticas en tiempos de paz, la obligación de actuar con debida diligencia, y la promoción de medidas de fomento de la confianza entre Estados (United Nations, 2021).

Particularmente significativo fue el informe del UNGGE de 2015, que por primera vez reconoció de forma oficial que el derecho internacional, incluyendo la Carta de las Naciones Unidas y el derecho internacional humanitario, es aplicable al ciberespacio. Este principio constituyó un hito conceptual, pues desplazó la noción de excepcionalidad digital y situó al ciberespacio dentro del marco normativo existente, generando un punto de partida para futuras interpretaciones jurídicas (Tsagourias & Farrell, 2020).

En línea con estos desarrollos, el Manual de Tallin, elaborado por un grupo internacional de expertos bajo el auspicio del Centro de Excelencia de la OTAN en Defensa Cibernética Cooperativa, ha jugado un papel fundamental en la interpretación sistemática del derecho internacional en el contexto cibernético. La primera edición, publicada en 2013, se centró en la aplicabilidad del derecho de los conflictos armados a las operaciones cibernéticas, mientras que la versión ampliada —Tallinn Manual 2.0 (2017)— extendió el análisis al derecho internacional en tiempos de paz, abordando temas como la soberanía, la jurisdicción, la responsabilidad estatal, y el principio de no intervención (Schmitt, 2017). Aunque el Manual no tiene fuerza vinculante, se ha convertido en un referente técnico y doctrinal, ampliamente citado en documentos oficiales, informes académicos y estrategias nacionales de ciberseguridad.

La ciberdiplomacia multilateral ha estado acompañada también por el desarrollo de iniciativas regionales. En el caso de la Unión Europea, el diseño de la llamada Cyber Diplomacy Toolbox representa un enfoque integral para responder colectivamente a ciberataques significativos. Esta caja de herramientas permite a los Estados miembros articular respuestas diplomáticas, incluyendo sanciones, notas verbales, declaraciones conjuntas o expulsiones de diplomáticos, como medida de presión y disuasión ante incidentes cibernéticos graves (European Commission, 2020). La Directiva NIS2, adoptada en 2022, refuerza este marco al establecer obligaciones mínimas de seguridad para operadores esenciales y proveedores digitales, y al exigir la notificación obligatoria de incidentes, promoviendo así una mayor transparencia y coordinación interestatal (European Union, 2022).

En el ámbito interamericano, la Organización de Estados Americanos (OEA) ha desarrollado el Programa de Ciberseguridad, que busca fortalecer capacidades nacionales y regionales en materia de prevención, respuesta e investigación de ciberataques, así como promover la elaboración de marcos legales y políticas públicas en los países miembros. Aunque con menor impacto normativo que el UN-GGE o el Convenio de Budapest, este programa ha tenido un rol relevante en la institucionalización de la ciberdiplomacia en América Latina, una región históricamente rezagada en la formulación de estrategias digitales integrales (Luna, 2021).

De forma paralela, actores no estatales han promovido iniciativas normativas de carácter multiactor, como la propuesta de una Convención de Ginebra Digital, presentada por Microsoft en 2017. Esta iniciativa buscó establecer normas internacionales que prohibieran ciertos tipos de ciberataques, particularmente aquellos dirigidos contra ciudadanos e infraestructuras civiles, y propuso la creación de una institución internacional para supervisar su cumplimiento. Si bien no logró materializarse como tratado, la propuesta impulsó un debate internacional sobre la necesidad de mecanismos jurídicos vinculantes y sobre el papel de las empresas tecnológicas como actores diplomáticos normativos (Smith, 2017).

El Paris Call for Trust and Security in Cyberspace (2018) es otro ejemplo de diplomacia digital multiactor que promueve principios para la estabilidad y seguridad cibernética. Firmado por más de 70 Estados, empresas y organizaciones de la sociedad civil, el llamado de París enfatiza el respeto al derecho internacional, la protección de infraestructuras críticas y el combate a la desinformación. Aunque no es jurídicamente vinculante, su legitimidad se apoya en su carácter inclusivo y su capacidad para generar consenso normativo entre múltiples sectores (Taddeo, 2021).

En conjunto, estos acuerdos, tratados e iniciativas representan la progresiva consolidación de una arquitectura normativa para la ciberdiplomacia, basada en principios compartidos pero también atravesada por disputas geopolíticas, tensiones epistemológicas y desafíos de implementación. La coexistencia de instrumentos vinculantes, como el Convenio de Budapest, con marcos no vinculantes pero normativamente influyentes, como el Manual de Tallin o el UNGGE, evidencia la pluralidad jurídica del ciberespacio y la necesidad de avanzar hacia modelos de gobernanza más coherentes, inclusivos y sostenibles.

RETOS ACTUALES EN LA CIBERDIPLOMACIA

La ciberdiplomacia, como práctica en construcción y campo estratégico de las relaciones internacionales, enfrenta en la actualidad una serie de desafíos estructurales que limitan su eficacia, erosionan su legitimidad y amenazan con fragmentar el orden normativo incipiente que ha emergido en las últimas dos décadas. Estos desafíos, lejos de ser meramente técnicos o coyunturales, se inscriben en tensiones más profundas relacionadas con la transformación del poder global, la redefinición de la soberanía estatal y la crisis de legitimidad de las instituciones multilaterales tradicionales. En este contexto, la ciberdiplomacia se debate entre su promesa de construir estabilidad normativa en el ciberespacio y la realidad de un entorno marcado por la confrontación estratégica, la desinformación sistémica y la proliferación de actores con agendas divergentes.

Uno de los retos más complejos es el relativo a la soberanía digital. A medida que los flujos de información, servicios y datos transitan libremente a través de redes globales, los Estados han comenzado a reafirmar su control territorial sobre el ciberespacio mediante políticas de "re-territorialización digital". Este fenómeno incluye desde la creación de "nubes soberanas" y centros de datos nacionales, hasta medidas más agresivas como los cortafuegos estatales (el Great Firewall de China) o la legislación de residencia de datos, como el Data Localization Act en Rusia (Chander & Le, 2015). Si bien estas políticas se justifican en nombre de la seguridad nacional, la privacidad o la protección de infraestructuras críticas, también generan fragmentación en el ciberespacio y cuestionan principios tradicionales de la diplomacia como la interoperabilidad, la cooperación técnica y el acceso abierto a la información.

Esta reconfiguración soberanista del ciberespacio ha exacerbado las tensiones entre bloques geopolíticos. El modelo occidental, basado en la gobernanza multiactor y la primacía de los derechos digitales, se encuentra cada vez más confrontado con visiones autoritarias o soberanistas que privilegian el control estatal sobre el contenido, la infraestructura y los datos. Esta disputa, que ha sido conceptualizada como una "bifurcación digital" (Kalathil & Boas, 2003), no solo compromete la universalidad del régimen normativo emergente, sino que también dificulta la construcción de acuerdos multilaterales significativos en foros como la ONU, la ITU o el IGF.

Otro obstáculo crítico es el problema de la atribución en los ciberataques. La capacidad de identificar de forma precisa, pública y verificable al responsable de una operación cibernética sigue siendo limitada, tanto desde el punto de vista técnico como jurídico. La naturaleza descentralizada y anónima del ciberespacio, combinada con el uso de técnicas de enmascaramiento como el proxying, el spoofing o la utilización de botnets, dificulta la obtención de pruebas concluyentes que puedan sustentar una acusación diplomática o jurídica. Esta ambigüedad favorece una cultura de la impunidad en la que actores estatales y no estatales pueden llevar a cabo operaciones agresivas con bajo riesgo de sanción (Tsagourias & Farrell, 2020).

La falta de estándares internacionales comunes sobre atribución, así como la inexistencia de un mecanismo independiente y multilateral que supervise o valide estos procesos, ha derivado en un sistema fragmentado donde los Estados recurren a mecanismos unilaterales o alianzas ad hoc para denunciar ataques y adoptar represalias. Ejemplos como la atribución pública por parte de Estados Unidos y sus aliados del ciberataque a SolarWinds en 2020, supuestamente perpetrado por APT29 (grupo vinculado a los servicios de inteligencia rusos), ilustran tanto la dimensión diplomática de la atribución como sus límites jurídicos y políticos. En muchos casos, las declaraciones de atribución carecen de evidencia pública, lo que debilita su credibilidad internacional y abre la puerta a la instrumentalización política de las denuncias (Rid & Buchanan, 2015).

La dificultad de establecer marcos normativos globales también constituye un desafío estructural. Pese a los avances del UNGGE y el OEWG, persisten divergencias fundamentales sobre la aplicabilidad del derecho internacional al ciberespacio, el estatus de ciertos principios (como la no intervención o el principio de neutralidad en conflictos digitales), y la jerarquía entre instrumentos normativos existentes y emergentes. Estas divergencias se ven agravadas por la politización de los foros multilaterales y por la creciente desconfianza entre actores clave, lo que ha llevado a algunos Estados a impulsar iniciativas normativas unilaterales o regionales que fragmentan aún más el entorno jurídico internacional (Segura-Serrano, 2017).

A estos retos se suma la creciente militarización del ciberespacio. Cada vez más Estados desarrollan capacidades cibernéticas ofensivas como parte integral de sus estrategias de defensa y disuasión. La incorporación del dominio cibernético en las doctrinas de la OTAN, el reconocimiento del "ciberespacio como dominio de operaciones militares" por parte del Pentágono, o la creación de comandos cibernéticos en países como China, Israel, Irán o Corea del Norte, evidencian esta tendencia. Esta militarización plantea el riesgo de escaladas no intencionales, errores de cálculo y conflictos interestatales en los que la ciberdiplomacia podría resultar insuficiente o ineficaz como mecanismo de contención.

En paralelo, la desinformación, la manipulación de contenidos y el uso de inteligencia artificial para crear narrativas falsas (deepfakes) han ampliado el espectro de amenazas en el entorno digital, desafiando no solo la seguridad nacional, sino también la integridad de los procesos democráticos. La ciberdiplomacia enfrenta aquí el dilema de cómo proteger la soberanía informativa de los Estados sin vulnerar principios fundamentales como la libertad de expresión o el derecho a la información. La ausencia de marcos internacionales que regulen estos fenómenos, combinada con el protagonismo de actores privados (plataformas de redes sociales) en su gestión, agrava la complejidad del problema (Deibert, 2020).

Por último, el déficit de inclusión y representatividad en los procesos de toma de decisiones internacionales continúa siendo un obstáculo central. Muchas de las discusiones sobre normas cibernéticas se llevan a cabo en espacios cerrados, dominados por las potencias tecnológicas del Norte Global y con escasa participación de países en desarrollo, comunidades vulnerables o actores no gubernamentales. Esta exclusión no solo genera desequilibrios normativos, sino que limita la legitimidad y la sostenibilidad de cualquier arquitectura de gobernanza que pretenda ser global. La necesidad de un enfoque verdaderamente multiactor, basado en la transparencia, la equidad y la pluralidad epistemológica, es uno de los imperativos más urgentes de la ciberdiplomacia contemporánea (Gurumurthy & Chami, 2016).

En suma, los retos actuales de la ciberdiplomacia se sitúan en la intersección entre el conflicto y la cooperación, entre la fragmentación y la gobernanza, entre la vigilancia y los derechos. Superarlos requerirá no solo nuevas herramientas diplomáticas, sino también una transformación profunda de los marcos jurídicos, institucionales y epistémicos que estructuran la interacción global en el ciberespacio.

Conclusiones y perspectivas de futuro

> *"El futuro tiene muchos nombres. Para los débiles es lo inalcanzable. Para los temerosos, lo desconocido. Para los valientes es la oportunidad".*
>
> VÍCTOR HUGO.

EL FUTURO GLOBAL A TRAVÉS DE LOS OJOS DE LA GEOPOLÍTICA

La geopolítica, tradicionalmente enfocada en el control del territorio físico, se ha transformado radicalmente con el surgimiento del ciberespacio como dominio estratégico. El nuevo teatro de la competencia internacional ya no se limita a la tierra, el mar o el aire; ahora se extiende a redes digitales sin fronteras físicas, pero con implicaciones profundas para la soberanía, el poder y la seguridad (Riordan, 2018; Nye, 2017). El ciberespacio, en su dimensión geopolítica, se convierte así en el epicentro de una redefinición de los paradigmas del poder.

El ciberespacio ha dejado de ser un mero instrumento técnico para convertirse en un espacio de disputa estratégica. A diferencia de otros dominios, su configuración es híbrida: conjuga infraestructura física (centros de datos, cables submarinos, routers) con elementos lógicos (software, protocolos, redes distribuidas). Esto le confiere una estructura única que permite su apropiación tanto por Estados como por actores no estatales (Singer & Friedman, 2014).

En este entorno, las nociones clásicas de soberanía, territorio y poder se redefinen. Países como China y Rusia han promovido modelos de "soberanía digital" que restringen el flujo transfronterizo de datos y afirman el control estatal sobre el entorno digital nacional (Creemers, 2017). En contraste, la Unión Europea promueve una visión de gobernanza digital centrada en los derechos humanos y la regulación ética (Fuster & Jasmontaite, 2020).

La rivalidad geopolítica ha generado una fragmentación creciente del ciberespacio, proceso conocido como "splinternet". Este fenómeno alude a la aparición de bloques tecnológicos con valores, normas y arquitecturas incompatibles (Segal, 2016). Así, mientras el modelo chino privilegia el control estatal, el modelo estadounidense se basa en la autorregulación empresarial, y el europeo enfatiza la regulación pública basada en principios democráticos (Bremmer & Kupchan, 2021).

La Ruta de la Seda Digital promovida por China, los marcos regulatorios como el RGPD en Europa y la influencia de Silicon Valley en América Latina y África son ejemplos de cómo el ciberespacio se convierte en una extensión de la política exterior (Riordan, 2022). Esta competencia normativa representa una nueva forma de diplomacia blanda con consecuencias estratégicas.

En la geopolítica del ciberespacio, los actores no estatales juegan un papel sin precedentes. Las grandes tecnológicas —Apple, Google, Meta, Amazon o Microsoft— actúan como "Imperios Digitales" que controlan infraestructuras críticas, datos personales y sistemas algorítmicos de gran impacto (Singer & Friedman, 2014). Estas corporaciones poseen más influencia que muchos Estados en temas de regulación, opinión pública y desarrollo tecnológico.

Simultáneamente, el hacktivismo, el cibercrimen organizado y los grupos híbridos se insertan en las lógicas del poder digital. Operaciones como Anonymous, Wikileaks, o grupos de ransomware con fines económicos o políticos desafían el monopolio estatal del uso de la fuerza, introduciendo elementos de anarquía funcional en el entorno digital (Zetter, 2014).

La gobernanza del ciberespacio es uno de los mayores retos geopolíticos del siglo XXI. Aunque foros como el IGF, el GGE de la ONU o la Convención de Budapest intentan establecer normas comunes, la ausencia de acuerdos vinculantes y la desconfianza entre grandes potencias dificultan una coordinación efectiva (UNODA, 2021).

La protección de derechos fundamentales en el ciberespacio —como la privacidad, la libertad de expresión o el acceso universal— está en tensión permanente con estrategias de vigilancia masiva, control algorítmico y ciberseguridad nacional (Kittichaisaree, 2017). En este sentido, la regulación debe equilibrar seguridad e innovación sin sacrificar libertades básicas.

En resumen, el futuro del ciberespacio dependerá de tres ejes interdependientes: el equilibrio entre soberanía y cooperación internacional, donde los Estados deberán negociar marcos híbridos que permitan compartir inteligencia y tecnología sin ceder el control total de sus redes; la integración multiactor con empresas tecnológicas, ONGs y sociedad civil deben participar en la definición de estándares técnicos y normativos; un desarrollo inclusivo que se requiere garantizar que la transformación digital no profundice las brechas geoeconómicas ni genere nuevas formas de colonialismo tecnológico. En este contexto, la diplomacia digital será clave para prevenir conflictos, promover interoperabilidad y construir confianza internacional.

LA ERA DE LA CIBERGEOPOLÍTICA ARMADA

El siglo XXI ha sido testigo del surgimiento de una nueva dimensión del conflicto: la guerra cibernética. En esta era, los enfrentamientos ya no requieren despliegues militares convencionales, sino capacidades ofensivas invisibles que operan a través de líneas de código. El ciberespacio, inicialmente concebido como una infraestructura para la comunicación y el desarrollo económico, se ha convertido en un dominio operacional estratégico donde se proyecta el poder, se compite por la influencia y se amenaza la estabilidad global (Singer & Friedman, 2014; Nye, 2017).

Este nuevo teatro de operaciones ha dado lugar a lo que se conoce como cibergeopolítica armada: una configuración donde los Estados desarrollan doctrinas ofensivas y defensivas específicas para operar en entornos digitales, adaptando su aparato militar a un contexto donde la atribución es difusa, el ataque es silencioso y las consecuencias son disruptivas. Los países han respondido a este fenómeno estructurando capacidades cibernéticas a nivel institucional. Estados Unidos fue pionero con la creación del Cyber Command, un comando unificado responsable de operaciones ofensivas y defensivas, trabajando en estrecha colaboración con la Agencia de Seguridad Nacional (NSA). Este modelo ha servido de referencia para otras potencias (Nakasone, 2019).

China, en su estrategia de integración militar-civil, ha creado la Strategic Support Force, unidad especializada que combina operaciones cibernéticas, guerra electrónica y control del espacio. Este enfoque unifica capacidades de inteligencia, operaciones ofensivas y defensa, en línea con la doctrina de guerra informatizada del EPL (Giles, 2016).

En Europa, el enfoque es más descentralizado. Estonia, tras el ciberataque masivo de 2007, desarrolló un ecosistema cívico-militar robusto, articulando la defensa nacional con expertos del sector privado y académico. Este modelo ha sido replicado parcialmente por otros países de la OTAN (Maurer, 2018).

Los ciberejércitos representan unidades especializadas que emplean capacidades tecnológicas para defender sistemas nacionales o para ejecutar operaciones ofensivas encubiertas. Estas unidades reclutan perfiles de alta cualificación técnica en ingeniería, criptografía, análisis forense y contrainteligencia. Entre los países con estructuras avanzadas destacan Israel, con la Unidad 8200, responsable de operaciones ofensivas y ciberinteligencia; Corea del Sur, con una doctrina de disuasión ofensiva digital ante amenazas del Norte, Francia, con su Commandement de la Cyberdéfense, integrado formalmente en la doctrina militar.

La operación Stuxnet (2009-2010), presuntamente desarrollada por Estados Unidos e Israel para sabotear el programa nuclear iraní, marcó un punto de inflexión: fue el primer ejemplo documentado de una ciberarma capaz de producir efectos cinéticos reales (Zetter, 2014). A partir de entonces, el desarrollo de ciber-armas ofensivas se ha convertido en una prioridad estratégica.

Las ciberarmas abarcan una gama amplia de herramientas diseñadas para penetrar, interrumpir o destruir sistemas enemigos. Algunas de las más relevantes incluyen Malware personalizado, como Flame o Duqu, empleados para espionaje prolongado; Zero-day exploits: vulnerabilidades desconocidas utilizadas antes de que puedan ser corregidas; Ransomware, cada vez más empleado con fines geopolíticos, como en los casos de REvil o NotPetya; DDoS (denegación de servicio distribuida), utilizadas para saturar infraestructuras críticas. Pero estas armas presentan un problema fundamental, su uso es difícilmente atribuible. Esto impide la activación de mecanismos disuasorios tradicionales y complica la respuesta política o militar de los Estados atacados (Rid, 2012; Schmitt, 2017).

La militarización del ciberespacio ha generado un entorno volátil, donde la ausencia de reglas claras y de confianza mutua incrementa los riesgos de escalada accidental. Los errores de atribución —frecuentes por la complejidad técnica— pueden derivar en represalias injustificadas o en conflictos abiertos. Además, la carrera por desarrollar capacidades ofensivas ha eclipsado los esfuerzos multilaterales para construir confianza y establecer normas de contención (Segal, 2016). La situación se agrava por la opacidad con la que operan muchas de estas unidades. El control democrático, la transparencia y la supervisión parlamentaria sobre los ciberejércitos son prácticamente inexistentes en la mayoría de los países, generando riesgos para el Estado de Derecho (Giles, 2016).

Aunque no existe un tratado internacional vinculante sobre ciberguerra, diversos instrumentos intentan llenar ese vacío: Tallinn Manual 2.0, iniciativa académica que interpreta cómo debe aplicarse el Derecho Internacional Humanitario (DIH) en el ciberespacio (Schmitt, 2017); Normas voluntarias de la ONU: promovidas por el Grupo de Expertos Gubernamentales (GGE) y el OEWG, enfocadas en promover normas de conducta responsable; la Convención de Budapest, que es el principal tratado sobre ciberdelincuencia, con creciente aceptación global (Council of Europe, 2001). Sin embargo, los avances son limitados, ya que estados como China y Rusia han bloqueado cualquier acuerdo que limite sus capacidades ofensivas, y promueven modelos de "soberanía cibernética" incompatibles con el enfoque abierto de la UE o Estados Unidos (Finnemore & Hollis, 2016).

Frente a estos desafíos, algunas potencias han comenzado a explorar modelos de diplomacia de disuasión. Estos incluyen sanciones diplomáticas, como las impuestas a Rusia tras NotPetya o SolarWinds; canales de comunicación directa (hotlines), inspirados en la Guerra Fría, para evitar errores de cálculo; la cooperación multilateral: con ejercicios conjuntos de ciberdefensa (ej. NATO CCDCOE en Tallin).

Con este panorama, la transparencia sobre capacidades y doctrina, así como la creación de acuerdos de no agresión digital, podrían contribuir a reducir tensiones y evitar escaladas. No obstante, esto requiere una voluntad política que actualmente es escasa.

La cibergeopolítica armada representa una evolución radical en la forma de entender el poder y la seguridad. En este contexto, los Estados no solo deben proteger sus redes, sino adaptarse a una lógica de competencia permanente e inestable, donde la defensa exige anticipación y resiliencia más que capacidad destructiva, la atribución se convierte en un acto político más que técnico y la disuasión necesita de mecanismos innovadores, normativos y diplomáticos. Y, como señala Nye (2017), "la ciberseguridad no puede depender únicamente del poder duro; requiere legitimidad, confianza y gobernanza ética". En ese sentido, la regulación internacional, el refuerzo de la cooperación técnica y el desarrollo de capacidades nacionales resilientes se perfilan como pilares indispensables para gestionar el futuro del conflicto en el ciberespacio.

CIBERDIPLOMACIA FUTURA

En un escenario global marcado por la volatilidad tecnológica y la fragmentación normativa del ciberespacio, la ciberdiplomacia emerge como un instrumento esencial para prevenir conflictos, establecer normas comunes y promover una gobernanza global más equitativa. A diferencia de la diplomacia tradicional, que se centra en territorios físicos, la ciberdiplomacia opera sobre un territorio inmaterial —el ciberespacio— donde las fronteras son difusas, los actores múltiples y los desafíos profundamente interconectados (Bjola & Holmes, 2015).

Este nuevo campo diplomático exige enfoques innovadores que integren dimensiones tecnológicas, jurídicas y éticas. Requiere también la participación de actores no estatales como empresas tecnológicas, organizaciones multilaterales, universidades y sociedad civil. Su consolidación será uno de los retos diplomáticos más importantes del siglo XXI. Diversas iniciativas han buscado establecer principios compartidos para regular el ciberespacio. Destacan aquí:

a) El Grupo de Expertos Gubernamentales (GGE) y el Open-Ended Working Group (OEWG) en el marco de la ONU, que han producido informes sobre normas de comportamiento estatal responsable (UNODA, 2021).

b) La Convención de Budapest, impulsada por el Consejo de Europa, que regula el ciberdelito transnacional y ha sido adoptada también por países no europeos (Council of Europe, 2001).

c) El Código de Prácticas contra la Desinformación de la UE (2018), que estableció mecanismos de autorregulación para plataformas tecnológicas.

Sin embargo, la falta de consenso entre grandes potencias —especialmente Estados Unidos, China y Rusia— ha bloqueado la posibilidad de un tratado global vinculante. Mientras el bloque occidental defiende un enfoque multiactor y abierto, China y Rusia promueven una gobernanza soberanista y centralizada, basada en el control estatal de la infraestructura digital (Finnemore & Hollis, 2016; Nye, 2023). La ciberdiplomacia ha dejado de ser un asunto periférico en la política exterior. Actualmente cumple funciones estratégicas en la prevención de conflictos mediante canales de comunicación de emergencia y acuerdos de no agresión digital; en la construcción de normas sobre ciberconducta, inteligencia artificial y protección de datos, y en la reacción ante incidentes como los ciberataques a SolarWinds, NotPetya o WannaCry, mediante coordinación internacional, sanciones y acciones conjuntas.

La profesionalización del personal diplomático en temas digitales ya es una realidad. Países como Francia, Estonia, India y Corea del Sur han creado unidades especializadas en diplomacia digital, integrando expertos técnicos, juristas y analistas geopolíticos. Las academias diplomáticas han comenzado a incluir formación en ciberseguridad, gobernanza tecnológica y ética algorítmica (Choucri & Clark, 2019).

Pero la evolución tecnológica plantea nuevos desafíos para la diplomacia digital. La Inteligencia Artificial (IA) usada tanto en defensa como en ataque, requiere marcos éticos y estándares técnicos compartidos para evitar su uso malicioso. La computación cuántica puede romper los sistemas criptográficos actuales, generando una carrera armamentística cuántica si no se regula adecuadamente (Lindsay, 2020). Y el Blockchain y la descentralización promueven nuevos modelos de soberanía digital, con implicaciones para el control estatal y la privacidad individual que deberían regularse.

Por otra parte, la diplomacia anticipatoria será crucial para prevenir la aparición de brechas regulatorias. Esto implica negociar tratados antes de que las tecnologías estén plenamente desplegadas, integrando principios de ética, proporcionalidad y sostenibilidad en su diseño (Kello, 2017). Uno de los escenarios más probables en esta diplomacia anticipatoria es la consolidación de bloques normativos regionales. Esta tendencia, ya observable, se estructura en torno a tres modelos (tabla 3):

Tabla 3. Análisis de bloques en la ciberdiplomacia

Bloque	Modelo Normativo	Prioridades
Estados Unidos	Autorregulación empresarial	Innovación, seguridad nacional, liderazgo tecnológico
Unión Europea	Regulación basada en derechos	Privacidad, derechos digitales, competencia justa
China / Rusia	Soberanía estatal digital	Control de la información, estabilidad, censura preventiva

Esta fragmentación técnica y legal ha sido conceptualizada como la "splinternet". En este entorno, la ciberdiplomacia será también una herramienta de competencia normativa donde los Estados buscarán exportar su modelo digital en regiones como África, Asia Central o América Latina, a menudo en contextos de dependencia tecnológica o infraestructura crítica. El futuro de la gobernanza del ciberespacio dependerá de su legitimidad y carácter inclusivo. Por ello, diversas propuestas plantean que se pantean son crear una Carta Digital Global de Derechos Humanos, promovida por organizaciones como UNESCO y el Foro de Gobernanza de Internet, la creación de un Tribunal Internacional de Ciberjusticia, especializado en disputas digitales, la institucionalización de observatorios multiactor, con participación de sociedad civil, expertos y comunidades del Sur Global. Estas iniciativas responden a una creciente demanda de transparencia, equidad y pluralismo epistemológico. Si bien aún se encuentran en fase conceptual, representan una vía viable para superar la captura institucional del ciberespacio por potencias o grandes empresas tecnológicas.

Algunas experiencias indican que la diplomacia digital puede funcionar como mecanismo de estabilización, incluso en contextos geopolíticos tensos. Por ejemplo, Operación Emotet en 2021 coordinada por Europol, permitió desmantelar una red global de malware mediante colaboración transatlántica. La presión diplomática tras REvil/Kaseya en 2021 en la que EE.UU. exigió a Rusia la persecución de ciberdelincuentes en su territorio (sin mucho éxito, por cierto). O la Convención de Budapest, que demuestra que es posible alcanzar consensos multilaterales funcionales, incluso en entornos fragmentados.

En definitiva, la ciberdiplomacia se perfila como una práctica esencial para evitar la guerra cibernética, mitigar los efectos del espionaje digital, y construir normas legítimas que permitan el desarrollo tecnológico sostenible. Su consolidación requiere la profesionalización y recursos adecuados en los Estados, la participación de actores no estatales o la voluntad política para alcanzar compromisos internacionales. En definitiva, el éxito de la ciberdiplomacia determinará, en gran parte, la forma en que el mundo afronte los desafíos geoestratégicos del siglo XXI.

La trilogía analítica presentada sobre el futuro global, la cibergeopolítica armada y la ciberdiplomacia futura permite extraer una visión integrada del estado actual y los posibles derroteros del ciberespacio como escenario estratégico. De este análisis, surgen cinco conclusiones clave:

I. El ciberespacio es el nuevo teatro de poder global: Su carácter híbrido —infraestructura física más lógica digital— lo convierte en el entorno central donde se juegan soberanía, influencia y desarrollo

II. La militarización digital es irreversible: Ciberejércitos, doctrinas ofensivas y armas invisibles forman parte integral de las estrategias de defensa y proyección internacional. Pero esta carrera carece aún de los mecanismos normativos que garanticen su contención

III. La gobernanza fragmentada amenaza la estabilidad: La coexistencia de bloques normativos incompatibles impide una respuesta coordinada frente a amenazas comunes. La splinternet erosiona la interoperabilidad técnica y política

IV. La diplomacia cibernética es indispensable pero insuficiente: Aunque existen esfuerzos multilaterales, estos avanzan lentamente. Se necesita reforzar su institucionalidad, dotarla de legitimidad y construir puentes entre bloques normativos enfrentados

V. La cooperación multiactor es la única vía sostenible: El futuro del ciberespacio requiere una arquitectura inclusiva donde Estados, corporaciones, academia y sociedad civil construyan estándares éticos, jurídicos y técnicos compartidos.

BONUS TRACK. ANÁLISIS PROSPECTIVO: FUTUROS POSIBLES DEL CONFLICTO EN EL CIBERESPACIO

Introducción a los futuros conflictos cibernéticos

El ciberespacio se ha consolidado como un dominio estratégico fundamental en las relaciones internacionales contemporáneas, transformando tanto la naturaleza del conflicto interestatal como los marcos de gobernanza global como se ha puesto de manifiesto en toda esta obra. La creciente dependencia de infraestructuras digitales, la proliferación de ciberarmas y la ausencia de normas universales robustas han propiciado un entorno volátil y dinámico, donde la competencia, la cooperación y la fragmentación coexisten en tensión permanente (Council on Foreign Relations, 2020). Aquí se examinan tres escenarios prospectivos sobre el futuro del conflicto interestatal en el ciberespacio, evaluando su plausibilidad, tendencias actuales y fundamentos empíricos, a partir de literatura académica, informes de think tanks y organismos internacionales de referencia.

Una revisión previa de la literatura, donde se incluyen los trabajos de ciberguerra y actores estatales Farwell & Rohozinski, 2011; Green, 2015; Reveron, 2012; Ekmekçi, 2024; los estudios de actores proxy y mercenarios cibernéticos de Maurer, 2018; Stafiniak & Wodo, 2022; Deibert, Rohozinski, & Crete-Nishihata, 2012; los estudios de conflictos interestatales y rivalidades de Mitchell & Pytlak, 2020; Mitchell, 2016; Valeriano & Maness, 2014; nos arroja las relaciones Estados-Proxy como primer nivel de análisis (Tabla 4).

Tabla 4. Actores Estado y sus proxies

Bloque de poder	Capacidades conocidas	Desarrollos proyectados	Implicaciones estratégicas
Estados Unidos	Capacidades cibernéticas avanzadas, con enfoque en medidas ofensivas y defensivas	Desarrollo continuo de estrategias de disuasión cibernética	Potencial aumento del uso de proxies cibernéticos para mantener la negación plausible
Rusia	Capacidades sofisticadas de guerra cibernética, integradas con operaciones militares tradicionales	Mayor desarrollo de tácticas híbridas de guerra	Uso continuado de grupos patrocinados por el Estado y ciberdelincuentes
China	Capacidades avanzadas de espionaje cibernético, con enfoque en objetivos estratégicos a largo plazo	Expansión de capacidades cibernéticas para apoyar ambiciones globales	Posible aumento de operaciones cibernéticas dirigidas a sectores económicos y militares
Irán	Desarrollo de capacidades cibernéticas, con énfasis en medidas defensivas.	Inversión continua en capacidades cibernéticas como disuasión estratégica	Posible aumento de ataques cibernéticos patrocinados por el Estado contra adversarios regionales

Bloque de poder	Capacidades conocidas	Desarrollos proyectados	Implicaciones estratégicas
Corea del Norte	Capacidades cibernéticas limitadas pero enfocadas, con énfasis en ganancias financieras y disrupción	Posible expansión de capacidades cibernéticas para compensar desventajas militares convencionales	Uso continuado de operaciones cibernéticas con objetivos económicos y políticos
Israel	Capacidades cibernéticas avanzadas, con énfasis en operaciones defensivas y de inteligencia	Mayor desarrollo de tecnologías de defensa cibernética	Posible aumento de operaciones cibernéticas preventivas contra amenazas percibidas
Unión Europea	Capacidades variadas entre los Estados miembros, con enfoque en defensa cibernética colectiva	Desarrollo de una estrategia cibernética unificada para la UE	Mayor cooperación en el intercambio de inteligencia cibernética y operaciones conjuntas
India	Capacidades cibernéticas en crecimiento, con enfoque tanto ofensivo como defensivo	Expansión de unidades de guerra cibernética dentro de la estructura militar	Posible aumento de operaciones cibernéticas contra rivales regionales
Japón	Capacidades defensivas avanzadas, ofensiva limitada	Posible desarrollo de capacidades cibernéticas ofensivas	Mayor enfoque en la cooperación de defensa cibernética con aliados
Australia	Capacidades sólidas de inteligencia cibernética, con enfoque en la seguridad regional	Mayor integración de capacidades cibernéticas con los objetivos de seguridad de la alianza Five Eyes	Posible aumento de operaciones cibernéticas que apoyen objetivos de seguridad regional

Lo que se puede observar en la tabla es que Estados Unidos y China están muy avanzados y siguen fortaleciendo sus capacidades tanto ofensivas como defensivas. Rusia, Irán y Corea del Norte tienden a usar grupos proxy (grupos externos o criminales) para evitar represalias directas. La Unión Europea, Japón y Australia están más enfocados en la defensa y en la cooperación internacional. Israel se posiciona como un actor proactivo en inteligencia y operaciones preventivas. Y la India está emergiendo como un actor importante, con un crecimiento notable.

Este análisis previo de la literatura indica tres escenarios en el futuro de los conflictos cibernéticos como segundo nivel de análisis previo a la construcción de escenarios. Se trata de un conflicto cibernético limitado, de una competencia estatal escalada y de una guerra híbrida integrada. En las tablas 5, 6 y 7 se pueden ver los tipos de subescenarios, los factores clave de cada uno de ellos y los factores de probabilidad.

1) Escenario de conflicto cibernético limitado

Tabla 5. Subescenarios del Conflicto Cibernético Limitado

Subescenario	Factores Clave	Factores de Probabilidad	Impactos Potenciales
Operaciones Cibernéticas Regionales Restringidas	– Deseo de evitar la escalada – Enfoque en objetivos regionales específicos – Capacidades cibernéticas limitadas de algunos actores	– Evidencia de restricción en conflictos cibernéticos pasados – Naturaleza regional de muchos conflictos cibernéticos – Potencial para resoluciones diplomáticas	– Disrupciones localizadas en infraestructuras críticas – Operaciones de información dirigidas – Impactos económicos limitados – Potencial de resolución del conflicto mediante diplomacia
Espionaje Cibernético y Recopilación de Inteligencia	– Necesidad de información estratégica – Menor riesgo en comparación con operaciones ofensivas – Dificultad de atribución	– Tensiones geopolíticas en curso – Avances en técnicas de espionaje cibernético – Valor creciente de los datos en la competencia global	– Robo de propiedad intelectual – Información de seguridad nacional comprometida – Erosión de la confianza entre estados – Potencial para incidentes diplomáticos

Subescenario	Factores Clave	Factores de Probabilidad	Impactos Potenciales
Escaramuzas Cibernéticas de Baja Intensidad	– Prueba de capacidades del adversario – Demostración del poder cibernético – Objetivos políticos limitados	– Patrones históricos de ciberconflictos limitados – Deseo de evitar una guerra cibernética a gran escala – Rivalidades en curso entre estados	– Disrupciones temporales en servicios – Pérdidas económicas menores – Aumento de la conciencia sobre ciberseguridad – Potencial para una escalada gradual con el tiempo

El Conflicto Cibernético Limitado se refiere a situaciones en las que actores en el ámbito cibernético participan en conflictos sin llegar a una guerra cibernética a gran escala. Estos escenarios son relativamente pequeños en alcance y se caracterizan por objetivos estratégicos limitados, como el espionaje, las operaciones informáticas dirigidas o las pruebas de capacidades cibernéticas. Aunque los impactos pueden ser menores en comparación con un conflicto total, pueden tener repercusiones en la infraestructura crítica y generar tensiones diplomáticas. A pesar de esto, existe la posibilidad de que tales situaciones se resuelvan a través de canales diplomáticos, evitando una escalada mayor.

Este tipo de conflicto cibernético a menudo involucra tensiones regionales, rivalidades geopolíticas y la demostración de poder cibernético sin la intención de desatar un conflicto a gran escala. Aunque los daños pueden ser menores, estos incidentes pueden tener un impacto significativo en la confianza entre naciones y en la seguridad cibernética global.

2) Escalamiento de los conflictos

Tabla 6. Subescenarios de la Competencia Estatal Escalada

Subescenario	Factores clave	Factores de probabilidad	Impactos potenciales
Carrera acelerada de armas cibernéticas	– Avances tecnológicos rápidos – Necesidad percibida de superioridad cibernética – Integración de Inteligencia Artificial (IA) y computación cuántica	– Tensiones geopolíticas en curso – Aumento de la inversión estatal en capacidades cibernéticas – Patrones históricos de carreras armamentistas	– Proliferación de armas cibernéticas avanzadas – Aumento de la inestabilidad global – Potencial de escalada no intencionada – Ampliación de la brecha de capacidades entre los estados
Ataques a infraestructuras críticas a gran escala	– Apuntado estratégico a vulnerabilidades – Deseo de demostrar poder cibernético – Potencial de impacto económico significativo	– Dependencia creciente de los sistemas interconectados – Aumento de la sofisticación de los ataques patrocinados por el estado – Desafíos para asegurar infraestructuras críticas	– Disrupción generalizada de servicios esenciales – Pérdidas económicas significativas – Potencial pérdida de vidas en casos extremos – Erosión de la confianza pública en las instituciones
Guerra de información facilitada por ciberespacio	– Explotación de redes sociales y plataformas digitales – Intentos de influir en la opinión pública y elecciones – Uso estratégico de la desinformación	– Éxitos pasados de operaciones informativas – Aumento de la polarización en muchas sociedades – Dificultades para contrarrestar la desinformación sofisticada	– Desgaste de los procesos democráticos – Aumento de la inestabilidad social y política – Erosión de la confianza en los medios e instituciones – Potencial para conflictos reales originados por tensiones online

Estos escenarios muestran cómo la competencia tecnológica y geopolítica puede llevar a una escalada peligrosa en el ciberespacio, con repercusiones a nivel global y local. Se describen tres tipos de escenarios relacionados con la competencia entre estados en el ciberespacio y sus posibles impactos: la carrera acelerada de armas cibernéticas a través de los avances tecnológicos, la necesidad de superioridad en el ciberespacio y la integración de tecnologías como la IA y la computación cuántica. La probabilidad de este subescenario depende de tensiones geopolíticas, del aumento de la inversión en ciberseguridad y las carreras armamentistas que se desarrollen; pero los impactos pueden ser devastadores con la proliferación de armas cibernéticas avanzadas, la inestabilidad global y escaladas no deseadas entre naciones. Otro subescenario son los ataques a Infraestructuras Críticas a gran escala a través del ataque estratégico a infraestructuras clave de los países, con fines de demostrar poder o causar un impacto económico significativo; se puede asociar a la creciente dependencia de los sistemas interconectados y los desafíos para proteger infraestructuras críticas; los efectos incluyen interrupciones masivas de servicios esenciales, grandes pérdidas económicas y una posible pérdida de vidas humanas, además de una disminución de la confianza pública en las instituciones. Y el último subescenario es la guerra de información basada en el uso de plataformas digitales para influir en la opinión pública, manipular elecciones y difundir desinformación; los factores de probabilidad en este caso están relacionados con el éxito previo de operaciones de información y la polarización creciente en las sociedades; y los impactos incluyen la erosión de los procesos democráticos, inestabilidad política, desconfianza en los medios de comunicación e instituciones, e incluso la posibilidad de conflictos físicos originados por tensiones generadas online.

3) Ciberguerra híbrida

Tabla 7. Subescenarios de la Ciberguerra Híbrida

Subescenario	Factores Clave	Factores de Probabilidad	Impactos Potenciales
Operaciones Cibernéticas y Cinéticas Combinadas	– Integración de capacidades cibernéticas y tradicionales militares – Deseo de ventaja estratégica en conflictos – Potencial para multiplicación de fuerzas	– Ejemplos históricos de operaciones cibernéticas y cinéticas – Esfuerzos de modernización militar en curso – Militarización creciente del ciberespacio	– Mayor efectividad de las operaciones militares – Difuminación de las líneas entre guerra cibernética y física – Potencial para escalada rápida de conflictos – Desafíos al aplicar las leyes tradicionales de la guerra
Guerra Económica Cibernética	– Uso de medios cibernéticos para alcanzar objetivos económicos – Enfoque en sistemas financieros y mercados – Explotación de vulnerabilidades económicas	– Incidentes pasados de ataques cibernéticos económicamente motivados – Creciente competencia económica entre estados – Vulnerabilidades en los sistemas financieros globales	– Disrupción del comercio global y los mercados financieros – Erosión de la estabilidad económica en países objetivo – Potencial para efectos en cascada sobre la economía global – Aumento del proteccionismo económico y defensas cibernéticas

Subescenario	Factores Clave	Factores de Probabilidad	Impactos Potenciales
Estrategias de Disuasión Multidominio	– Integración de capacidades cibernéticas, espaciales y convencionales – Creación de posturas de disuasión integral – Adaptación a paisajes de amenazas en evolución	– Desarrollo de nuevos marcos estratégicos – Reconocimiento del ciberespacio como un dominio crítico en la seguridad nacional – Lecciones aprendidas de conflictos cibernéticos previos	– Dinámicas de disuasión más complejas y matizadas – Potencial para errores de cálculo debido a la superposición de dominios – Mayor importancia de las capacidades cibernéticas en el poder militar global – Desafíos en el control de armas y la estabilidad estratégica

Este tipo de escenarios subraya el creciente papel de las capacidades cibernéticas en las estrategias militares y económicas modernas. Los tres subescenarios que se analizan son los siguientes: Operaciones Cibernéticas y Cinéticas Combinadas, en este escenario la combinación de operaciones militares tradicionales (como el uso de la fuerza física) se combina con ciberataques. Los principales factores que impulsan este escenario incluyen el deseo de ventaja estratégica en conflictos y la creciente integración de capacidades cibernéticas con capacidades militares tradicionales. Los impactos incluyen la mejora de la efectividad militar y una posible escalada rápida de los conflictos, además de la dificultad para aplicar las leyes de la guerra tradicionales debido a la naturaleza difusa de la guerra cibernética.

El subescenario de Guerra Económica Cibernética destaca el uso de ciberataques para alcanzar objetivos económicos, como atacar sistemas financieros. Los factores que contribuyen incluyen incidentes pasados de ciberataques con motivaciones económicas y la competencia creciente entre naciones en el ámbito económico. Los impactos potenciales incluyen la disrupción de los mercados financieros globales y la erosión de la estabilidad económica en países objetivo, lo que podría llevar a un aumento del proteccionismo y mayores defensas cibernéticas.

Y el último subescenario, el referido a Estrategias de Disuasión Multidominio en el que se analizan la integración de capacidades de ciberseguridad, espacio y otras capacidades convencionales en una estrategia de disuasión integral. Esto se basa en la adaptación de las fuerzas militares y políticas para hacer frente a un panorama de amenazas cada vez más complejo. Los impactos potenciales incluyen dinámicas de disuasión más complicadas y el riesgo de errores de cálculo debido a la superposición de dominios como el cibernético y el militar, lo que puede afectar la estabilidad estratégica y el control de armas.

Metodología prospectiva

A continuación, se elaboran los escenarios a través de la metodología prospectiva de escenarios, utilizada en el ámbito de los estudios de seguridad e inteligencia. La creación de escenarios prospectivos es una metodología que permite construir visiones alternativas del futuro con base en el análisis estructurado de variables clave y sus interacciones. Esta técnica no intenta predecir un único futuro, sino explorar múltiples futuros posibles y preparar respuestas estratégicas ante la incertidumbre. Los pasos seguidos para la generación de escenarios han sido los siguientes: definición del objeto de estudio (futuros posibles del conflicto en el ciberespacio entre actores clave —estados y otros actores no estatales—); identificación de las variables clave (tablas 8 y 9); análisis estructural; análisis de actores (tabla 4); detección de incertidumbres críticas (tablas 8 y 9); y construcción de los escenarios (en resultados).

Resultados. Escenarios prospectivos de futuro

A partir de los datos de la revisión realizada se proponen tres escenarios: 1) fragmentación armada; 2) cooperación funcional; 3) gobernanza compartida. A partir de las tablas 8 y 9 se analizan los componentes de cada escenario (factores de probabilidad e impactos potenciales de cada escenario). En la tabla 10 se comparan las características generales de los tres escenarios y se les asigna una probabilidad de ocurrencia para los próximos 5 años.

Tabla 8. Factores de probabilidad

Dimensión	Fragmentación armada	Cooperación funcional	Gobernanza compartida
Gobernanza global	Colapsada	Parcial por sectores	Coordinada e inclusiva
Riesgo de conflicto	Alto	Medio	Bajo
Interoperabilidad	Mínima	Condicionada por pactos técnicos	Amplia y sostenible
Rol de empresas	Instrumentos de poder estatal	Contrapesos y facilitadores	Corresponsables regulatorios
Ciudadanía digital	Vulnerable y sin protección global	Parcialmente protegida	Derechos digitales garantizados
Potencial de innovación	Alto pero peligroso	Controlado y competitivo	Ético y orientado al bien común
Sostenibilidad del sistema	Frágil	Resistente	Resiliente y equitativo

El escenario de Fragmentación armada describe un mundo desintegrado, caracterizado por una gobernanza global colapsada, incapaz de gestionar conflictos, desigualdades y amenazas transnacionales. La interoperabilidad entre sistemas es prácticamente nula, lo cual impide respuestas coordinadas a crisis globales. Las empresas operan como instrumentos del poder estatal, generando riesgos geopolíticos adicionales. La ciudadanía digital carece de protección, lo cual expone a individuos a abusos de derechos y vigilancia. Aunque el potencial de innovación es alto, se considera peligroso y no regulado. Finalmente, el sistema muestra una sostenibilidad frágil, resultado de la inestabilidad y la falta de cooperación.

Por su parte, el escenario de Cooperación funcional representa un modelo intermedio. La gobernanza se establece de forma parcial, articulada por sectores o regiones, principalmente mediante acuerdos técnicos. Este modelo permite cierta interoperabilidad, aunque dependiente de pactos específicos. Las empresas adoptan un rol de facilitadores, pero aún bajo lógicas de competencia. La ciudadanía digital mejora su protección, aunque no de manera universal. La innovación se gestiona bajo criterios de control y competitividad, lo que sugiere una orientación tecnocrática. La sostenibilidad del sistema es resistente, aunque no necesariamente equitativa.

Finalmente, el escenario más robusto y deseable es el de Gobernanza compartida, donde se consolida una arquitectura global coordinada e inclusiva. La reducción del riesgo de conflicto es notable gracias a mecanismos preventivos y diplomáticos eficaces. La interoperabilidad se vuelve amplia y sostenible, facilitando la acción colectiva. Las empresas asumen un rol corresponsable, actuando como reguladores en un marco ético. La ciudadanía digital se reconoce plenamente, con derechos garantizados. La innovación está orientada al bien común, lo que reduce sus externalidades negativas. Este entorno permite una sostenibilidad resiliente y equitativa, apoyada en la cooperación multilateral y el compromiso cívico.

Tabla 9. Impactos Potenciales e incertidumbres críticas

Dimensión	Fragmentación armada	Cooperación funcional	Gobernanza compartida
Tensiones Geopolíticas	División por bloques. Aumento de las tensiones	División por bloques, pero colaboración en desescalada	Cooperación y alivio de las tensiones
Aumento estatal en inversión ciberseguridad	Alta, con fines defensivos y ofensivos	Moderada, orientada a defensa y normativas técnicas compartidas	Alta, pero centrada en cooperación internacional y gobernanza
Guerra comercial	Generalizada y basada en rivalidades estratégicas	Selectiva y gestionada mediante acuerdos bilaterales o sectoriales	Disminuida. Prevalece el comercio regulado y justo

Dimensión	Fragmentación armada	Cooperación funcional	Gobernanza compartida
Desarrollo de la IA	Avance acelerado y no regulado. Riesgos éticos elevados	Avance competitivo y regulado parcialmente por bloques	Avance colaborativo, regulado y orientado al bien común
Aumento de la capacidad del cibercrimen	Elevada, debido a vacíos legales, descoordinación y vulnerabilidad	Moderada, gracias a ciertas normas compartidas entre bloques	Baja, por cooperación global en ciberseguridad y justicia digital
Aumento de la capacidad de resiliencia	Baja, por falta de articulación global	Media, basada en acuerdos técnicos regionales	Alta, con enfoque integral y coordinado
Sostenibilidad del sistema	Frágil	Resistente	Resiliente y equitativo

La evolución de cada uno de los escenarios a través de las incertidumbres críticas descritas en la tabla 9 lleva a que en el escenario de fragmentación armada, las tensiones geopolíticas se intensifican a raíz de una marcada división por bloques. En ausencia de mecanismos internacionales efectivos, los Estados invierten fuertemente en capacidades cibernéticas tanto ofensivas como defensivas, lo que incrementa el riesgo de conflictos híbridos. Esta situación estimula una guerra comercial generalizada, donde el comercio internacional se convierte en instrumento de presión política. El desarrollo de tecnologías como la inteligencia artificial (IA) se da de forma acelerada pero sin regulación, generando graves riesgos éticos, económicos y sociales. Este entorno propicia un aumento significativo del cibercrimen, dada la debilidad de los marcos legales y la falta de cooperación transnacional. La capacidad de resiliencia del sistema global se ve mermada, y la sostenibilidad estructural se vuelve frágil.

En el escenario de Cooperación funcional se representa un modelo de gobernanza parcial, donde persiste la fragmentación regional pero con esfuerzos de coordinación técnica entre bloques. Las tensiones geopolíticas disminuyen en comparación con la fragmentación armada, pero no desaparecen. La inversión en capacidades cibernéticas se orienta más hacia la defensa, con regulaciones acordadas entre sectores específicos. La guerra comercial se mantiene contenida gracias a mecanismos bilaterales o sectoriales de solución de controversias. En cuanto al desarrollo de la IA, este avanza bajo principios de competitividad, con ciertos estándares de ética y control. La amenaza del cibercrimen se modera, dado que existen normativas parciales compartidas. La capacidad de resiliencia es media, dado que algunas regiones cuentan con sistemas coordinados. La sostenibilidad del sistema es resistente, pero no necesariamente equitativa.

Por último, el escenario de gobernanza compartida constituye la proyección más deseable, sustentada en una arquitectura global coordinada, inclusiva y equitativa. Las tensiones geopolíticas disminuyen de forma significativa gracias a mecanismos de diplomacia multilateral. Los Estados invierten en capacidades cibernéticas de manera cooperativa, con énfasis en la protección de infraestructuras críticas y la justicia digital. La guerra comercial se reduce notablemente debido a acuerdos multilaterales que garantizan un comercio regulado y ético. El desarrollo de la IA es colaborativo, éticamente regulado y centrado en el bien común. La cooperación internacional en ciberseguridad contribuye a minimizar el cibercrimen. Como resultado, la resiliencia del sistema global es alta, y su sostenibilidad se fortalece bajo principios de equidad y justicia social.

Conclusiones

I. Escenario 1: Fragmentación armada del ciberespacio

El escenario de fragmentación armada anticipa un colapso de los marcos de gobernanza global, con la consecuente división del ciberespacio en bloques rivales y una intensificación de la confrontación digital. Este fenómeno, conocido como “ciberbalcanización” o “splinternet”, implica la conformación de esferas de influencia tecnológicas incompatibles, lideradas por grandes potencias que imponen soberanías digitales y controles estatales estrictos. La proliferación de ciberejércitos y ciberarmas, así como el uso ofensivo del ciberespacio para sabotaje, espionaje y desinformación, caracterizan este escenario, en ausencia de normas universales aceptadas.

Diversos indicadores sugieren que la fragmentación armada es una tendencia en marcha. Países como China y Rusia promueven activamente la "soberanía cibernética", controlando contenidos e infraestructuras digitales dentro de sus fronteras y exportando modelos de censura y vigilancia. China, con su "Gran Cortafuegos", y Rusia, con su ley de "Internet soberana", han avanzado en la creación de silos nacionales/regionales, fracturando la red global y validando la noción de "splinternet". Por su parte, potencias occidentales defienden un Internet abierto e interoperable, profundizando la brecha ideológica en foros multilaterales.

La militarización del ciberespacio es otra tendencia relevante. Más de treinta países han desarrollado capacidades militares especializadas en ciberdefensa y ciberofensiva, proliferando el uso de "ciberarmas" estatales. Ejemplos vistos en esta obra que incluyen Stuxnet (Estados Unidos/Israel), NotPetya (Rusia) y WannaCry (Corea del Norte), que han causado daños globales significativos. Otro ejemplo es la campaña NotPetya, dirigida inicialmente a Ucrania, que se propagó internacionalmente, afectando infraestructuras y corporaciones en decenas de países, con pérdidas estimadas en 10 mil millones de dólares.

Los ataques a infraestructuras críticas se han duplicado entre 2020 y 2022, convirtiéndose en la "nueva normalidad" en sectores vitales como energía, salud y finanzas. En el contexto de tensiones geopolíticas, como la rivalidad entre la OTAN y Rusia o la competencia entre Estados Unidos y China, se han identificado preparativos de acceso a redes críticas, lo que incrementa el riesgo de escalada.

Los esfuerzos diplomáticos para contener estos conflictos han sido insuficientes. En la ONU, los Grupos de Expertos Gubernamentales (GGE) lograron consensuar algunas normas voluntarias en 2013 y 2015, pero las negociaciones colapsaron en 2017 debido a profundas divisiones. Aunque en 2021 se alcanzaron reportes de compromiso, persisten discrepancias sustanciales entre países, lo que limita la efectividad de las normas existentes. Rusia y China abogan por tratados vinculantes que reflejen sus intereses, mientras que Estados Unidos y sus aliados solo aceptan normas no vinculantes y rechazan nuevas obligaciones legales.

La ausencia de un acuerdo universal sobre la definición de ciberataque, la aplicación de las leyes de guerra en el ciberespacio y la atribución de responsabilidades genera vacíos normativos que cada bloque interpreta a su favor. Como resultado de todo ello, las potencias continúan explotando el ciberespacio sin restricciones efectivas, incentivando una carrera ofensiva.

Otro aspecto interesante es la guerra de la información a nivel interestatal, que se ha vuelto frecuente, con campañas de desinformación y ciberoperaciones encubiertas que buscan influir en procesos democráticos y erosionar la confianza entre Estados. Los ejemplos vistos de la interferencia rusa en elecciones occidentales y ataques a medios de comunicación, sin consensos globales sobre la no injerencia digital lo ponen de manifiesto.

En definitiva, este escenario recuerda la lógica de bloques de la Guerra Fría, donde la ausencia de comunicación y normas casi derivó en catástrofes nucleares. Sin embargo, a diferencia de las armas nucleares, las operaciones cibernéticas sub-umbral son más comunes y difíciles de atribuir, lo que puede hacer la confrontación más difusa y constante. La probabilidad estimada de materialización plena de este escenario en los próximos 5 años es del 40%, sustentada en tendencias claras de fragmentación y armamentización, aunque moderada por las interdependencias económicas digitales y los costes potenciales de un conflicto cibernético descontrolado.

II. Escenario 2: Cooperación funcional en el ciberespacio

El escenario de cooperación funcional plantea un equilibrio inestable pero gestionado entre competencia estratégica y colaboración limitada en sectores críticos. Las grandes potencias, aunque continúan en rivalidad, logran delimitar ciertas "zonas de entendimiento" o acuerdos sectoriales para evitar que el conflicto digital se desborde. Se observa cooperación pragmática en áreas de interés común, como la lucha contra la ciberdelincuencia, la protección de infraestructuras críticas y el intercambio de información sobre amenazas, mientras persiste la competencia y el espionaje en otros ámbitos.

Numerosos desarrollos recientes apuntan a este escenario como el más realista en el corto y mediano plazo. La Convención de la ONU contra la Ciberdelincuencia y las medidas de fomento de la confianza implementadas por la OSCE y la OEA ejemplifican la disposición selectiva de los Estados a cooperar en temas específicos. También los foros como el Foro de Gobernanza de Internet (IGF) han propiciado diálogos multiactor y el desarrollo de normativas técnicas compartidas.

A pesar del aumento de ciberataques, no se ha producido una ciberguerra abierta entre potencias, lo que sugiere la existencia de mecanismos tácitos de contención y disuasión. La cooperación en la protección de infraestructuras críticas y la respuesta coordinada a incidentes graves, como los ataques de ransomware a hospitales durante la pandemia de COVID-19, ilustran la viabilidad de acuerdos funcionales limitados.

La gobernanza global del ciberespacio sigue siendo fragmentaria, sin un tratado integral, pero se han desarrollado mecanismos parciales y acuerdos regionales que permiten gestionar incidentes y evitar escaladas. La diplomacia mínima y la existencia de "pactos de no agresión" sectoriales contribuyen a instaurar una "ciberpaz fría", donde ningún bloque impone totalmente su visión, pero todos reconocen la necesidad de cooperación para prevenir el caos absoluto.

Este escenario se considera el más probable a medio plazo, con una probabilidad estimada entre el 50% y el 60% de materializarse en los próximos 5 años. La existencia de incentivos económicos y de seguridad para evitar una escalada total, junto con la interdependencia digital global, refuerza la plausibilidad de una cooperación funcional, aunque limitada y sectorial.

III. Escenario 3: Gobernanza compartida e inclusiva del ciberespacio

El escenario de gobernanza compartida contempla la creación de un marco global inclusivo y robusto para la gestión del ciberespacio, sustentado en una Carta Digital Global y organismos multilaterales como una Corte de Justicia Digital. Este escenario implica la consolidación de normas universales vinculantes, mecanismos efectivos de rendición de cuentas y la participación equitativa de todos los actores relevantes, incluidos Estados, sector privado y sociedad civil.

Existen iniciativas incipientes que apuntan en esta dirección, como el Pacto Digital Global promovido por la ONU y el consenso sobre ética en inteligencia artificial impulsado por la UNESCO. Sin embargo, las profundas tensiones entre grandes potencias y la competencia geopolítica limitan actualmente la viabilidad de un marco de gobernanza verdaderamente inclusivo.

La experiencia de la gobernanza de Internet en sus primeras décadas, basada en principios de apertura, interoperabilidad y multistakeholderismo, demuestra que es posible alcanzar consensos globales en ciertos ámbitos, aunque la fragmentación y la competencia han erosionado estos logros en años recientes.

La creación de organismos multilaterales especializados, como una Corte de Justicia Digital, requeriría superar obstáculos significativos en materia de soberanía, confianza y alineación de intereses. La experiencia de la UNESCO en la promoción de principios éticos para la inteligencia artificial muestra que es posible alcanzar acuerdos internacionales, aunque su implementación efectiva depende de la voluntad política y la capacidad de los Estados para armonizar normativas nacionales y regionales.

Dadas las tendencias actuales y las limitaciones estructurales, la probabilidad de materialización de este escenario en los próximos 5 años se estima entre el 10% y el 20%. Si bien existen avances en la formulación de principios y la creación de foros multilaterales, la consolidación de una gobernanza global inclusiva enfrenta obstáculos sustanciales derivados de la rivalidad entre grandes potencias, la desconfianza mutua y la falta de mecanismos efectivos de cumplimiento

Tabla 10. Comparación de escenarios

ESCENARIO	CARACTERÍSTICAS PRINCIPALES	PROBABILIDAD ESTIMADA (5 AÑOS)	EJEMPLOS/ INDICADORES CLAVE
FRAGMENTACIÓN ARMADA	Ciberbalcanización, bloques rivales, carrera armamentista, ausencia de normas universales	40%	Splinternet, NotPetya, SolarWinds, "Internet soberana"
COOPERACIÓN FUNCIONAL	Equilibrio inestable, cooperación sectorial limitada, gobernanza fragmentaria	50-60%	Convención ONU contra ciberdelincuencia, OSCE, IGF
GOBERNANZA COMPARTIDA	Marco global inclusivo, Carta Digital Global, organismos multilaterales	10-20%	Pacto Digital Global ONU, ética IA UNESCO

La evolución del conflicto interestatal en el ciberespacio dependerá de la interacción entre rivalidad geopolítica, avances tecnológicos y la capacidad de los actores internacionales para desarrollar mecanismos de gobernanza eficaces. La tendencia actual apunta hacia una combinación de fragmentación y cooperación funcional, con episodios de confrontación y esfuerzos parciales de colaboración. La consolidación de una gobernanza global inclusiva, aunque deseable desde una perspectiva normativa, enfrenta desafíos estructurales que limitan su viabilidad en el corto y medio plazo.

La fragmentación armada representa un riesgo significativo para la estabilidad internacional, al incrementar la probabilidad de escaladas inadvertidas y dificultar la protección de infraestructuras críticas y derechos fundamentales. Por otro lado, la cooperación funcional ofrece un marco pragmático para gestionar riesgos y evitar el colapso del ecosistema digital, aunque su alcance es limitado y depende de la voluntad política de los Estados y la resiliencia de los mecanismos existentes.

La comunidad internacional se enfrenta al desafío de fortalecer los marcos de gobernanza, promover la transparencia y la rendición de cuentas, y desarrollar capacidades de respuesta coordinada ante incidentes cibernéticos. La participación activa de todos los actores relevantes, incluidos el sector privado y la sociedad civil, será crucial para avanzar hacia un ciberespacio más seguro, estable e inclusivo.

El análisis de escenarios prospectivos sobre el conflicto interestatal en el ciberespacio revela la complejidad y dinamismo de este dominio estratégico. La fragmentación armada, la cooperación funcional y la gobernanza compartida representan futuros posibles, cada uno con diferentes grados de plausibilidad y consecuencias para la seguridad internacional y la gobernanza global. La evidencia empírica y las tendencias actuales sugieren que la cooperación funcional es el escenario más probable en el horizonte de 5 años, aunque la fragmentación armada sigue siendo una amenaza latente. La consolidación de una gobernanza global inclusiva requerirá superar obstáculos sustanciales y fortalecer la cooperación multilateral.

Bibliografía

ABCNews (2025). 104% tariffs on China take effect at midnight Wednesday, White House confirms. https://abc3340.com/news/nation-world/104-tariffs-on-china-take-effect-at-midnight-wednesday-white-house-confirms-donald-trump

Adler, E. (2002). Constructivism and International Relations. In W. Carlsnaes, T. Risse, & B. A. Simmons (Eds.), Handbook of International Relations (pp. 95-118). SAGE.

Allison, M. (2016). Power, rivalry and cyber conflict: an empirical analysis. In Conflict in Cyber Space (pp. 81-98). Routledge. https://doi.org/10.4324/9781315669878-11

Amnesty Tech. (2021). The Pegasus Project. Amnesty International Security Lab. https://www.amnesty.org/en/latest/research/2021/07/the-pegasus-project/

Anderson, R., Barton, C., Böhme, R., Clayton, R., van Eeten, M., Levi, M.,... & Savage, S. (2019). Measuring the cost of cybercrime. In: Böhme, R. (eds) The Economics of Information Security and Privacy. Springer, Berlin, Heidelberg. https://doi.org/10.1007/978-3-642-39498-0_12

Arquilla, J. (2022). Bitskrieg: The New Challenge of Cyberwarfare. Polity Press.

Australian Cyber Security Centre (ACSC). (2021). Cyber Threat Report 2020-2021. Australian Government. https://www.cyber.gov.au

Awan, I. (2017). Cyber-extremism: Isis and the power of social media. Social Science and Public Policy, 54(2), 138-149. https://doi.org/10.1007/s12115-017-0114-0

Badillo, Á., & Arteaga, F. (2024, febrero). El impacto estratégico de la desinformación en España. IBERIFIER – Iberian Digital Media Research and Fact-Checking Hub. Real Instituto Elcano. https://media.realinstituto-elcano.org/wp-content/uploads/2024/04/informe-iberifier-el-impacto-estratagico-de-la-desinformacion-en-espana.pdf

Barrinha, A., & Renard, T. (2020). *Cyber-diplomacy: The making of an international society in the digital age.* Global Affairs, 6(4-5), 363-378. https://doi.org/10.1080/23340460.2017.1414924

Bakator, M., Nikolić, M., Ćoćkalo, D., & Stanisavljev, S. (2024). Transition to Industry 5.0 with AI and digitalization of production systems. Journal of Engineering and Management. https://doi.org/10.7251/JEM2402008B

Barnett, T. P. M. (2004). *The Pentagon's New Map: War and Peace in the Twenty-First Century.* G.P. Putnam's Sons.

Bartles, C. K. (2016). Getting Gerasimov Right. Military Review, 96(1), 30-38. https://www.armyupress.army.mil/portals/7/military-review/archives/english/militaryreview_20160228_art009.pdf

Benjamin, R. (2019). Race After Technology: Abolitionist Tools for the New Jim Code. Polity Press.

Betz, D., & Stevens, T. (2013). Cyberspace and the State: Toward a Strategy for Cyberpower. Routledge.

Bjola, C., & Holmes, M. (2015). Digital diplomacy: Theory and practice. Routledge.

Bordelon, B. (2017). *Cyber warfare and the law of armed conflict.* Naval War College Review, 70(1), 45-67. https://digitalcommons.liberty.edu/cgi/viewcontent.cgi?article=1700&context=honors

Bradshaw, S., & Howard, P. N. (2019). The Global Disinformation Order. Oxford Internet Institute Report. https://demtech.oii.ox.ac.uk/wp-content/uploads/sites/12/2019/09/CyberTroop-Report19.pdf

Bradford, A. (2023). Digital Empires: The Global Battle to Regulate Technology. Oxford University Press.

Bradshaw, S., Millard, C., & Walden, I. (2011). Contracts for clouds: Comparison and analysis of the terms and conditions of cloud computing services. International Journal of Law and Information Technology, 19(3), 187-223. https://doi.org/10.1093/ijlit/eaq017

Briggs, R., & Feve, S. (2013). Review of Programs to Counter Narratives of Violent Extremism. Institute for Strategic Dialogue. https://core.ac.uk/reader/30675430

Broadhurst, R.; Grabosky, P.; Alazab, M. & Chon, S. (2014). Organizations and cyber crime: An analysis of the nature of groups engaged in cyber crime. International Journal of Cyber Criminology. 8. 1-20. https://papers.ssrn.com/sol3/papers.cfm?abstract_id=2461983

Brookings (2025). Restoring an open internet requires softer China policy. https://www.brookings.edu/articles/a-less-confrontational-china-policy-is-the-only-way-to-restore-the-dream-of-an-open-internet/#:~:text=available%20to%20U,Following%20this%20would%20be%20CGTN

Bronk, C., & Tikk-Ringas, E. (2013). The Cyber Attack on Saudi Aramco. Survival, 55(2), 81-96. https://doi.org/10.1080/00396338.2013.784468

Brundage, M., Avin, S., Clark, J., Toner, H., Eckersley, P., Garfinkel, B.,… & Amodei, D. (2018). The Malicious Use of Artificial Intelligence: Forecasting, Prevention, and Mitigation. Future of Humanity Institute. https://arxiv.org/abs/1802.07228

Bordelon, E. (2017). Approaching cyber warfare: Geopolitics, deterrence, and international law. Liberty University. Disponible en https://digitalcommons.liberty.edu/honors/639/

Buchanan, B. (2020). *The Hacker and the State: Cyber Attacks and the New Normal of Geopolitics.* Harvard University Press.

Buzai, G. D. (2014). El ciberespacio desde la geografía: nuevos espacios de vigilancia y control. Revista de Geografía Norte Grande, (58), 7-22. Disponible en https://www.researchgate.net/publication/299369651_El_Ciberespacio_desde_la_Geografia_Nuevos_espacios_de_vigilancia_y_control_global

Carayannis, E., Canestrino, R., & Magliocca, P. (2024). From the dark side of Industry 4.0 to Society 5.0. IEEE Transactions on Engineering Management. doi: 10.1109/TEM.2023.3239552 https://ieeexplore.ieee.org/document/10054230

Carr, M. (2016). US Power and the Internet in International Relations: The Irony of the Information Age. Palgrave.

Cambridge Analytica. (2018). Whistleblower testimony. UK Parliament. https://www.judiciary.senate.gov/imo/media/doc/05-16-18%20Wylie%20Testimony.pdf

Cha, V., & Katz, J. (2013). Cybersecurity in South Korea. Center for Strategic and International Studies (CSIS). https://www.csis.org

Chathamhouse/ (2025). China's rare earth export restrictions threaten Washington's military primacy. https://www.chathamhouse.org/2025/04/chinas-rare-earth-export-restrictions-threaten-washingtons-military-primacy#:~:text=The%20Trump%20administration%E2%80%99s%20use%20of,supply%20of%20rare%20earth%20minerals

Chainalysis. (2022). Crypto Crime Report 2022. https://go.chainalysis.com/2022-Crypto-Crime-Report.html

Chander, A., & Lê, U. P. (2014). Data nationalism. Emory Law Journal, 64(3), 677-739. https://papers.ssrn.com/sol3/papers.cfm?abstract_id=2577947

Choucri, N., & Clark, D. D. (2019). International Relations in the Cyber Age: The Co-Evolution Dilemma. MIT Press.

CISA (s/f) Chinese Cyber Activity Targeting Managed Service Providers. https://www.cisa.gov/sites/default/files/c3vp/Chinese-Cyber-Activity-Targeting-Managed-Service-Providers.pdf

CISA (2017). *Indicators Associated With WannaCry Ransomware.* https://www.cisa.gov/news-events/news/attack-colonial-pipeline-what-weve-learned-what-weve-done-over-past-two-years

CISA. (2022). Shields Up Guidance for Critical Infrastructure. Cybersecurity and Infrastructure Security Agency. https://www.cisa.gov

CISA. (2022). *The Colonial Pipeline Ransomware Attack.* U.S. Cybersecurity & Infrastructure Security Agency. https://www.cisa.gov

CISA. (2022). *Costa Rica Ransomware Incident Analysis.* U.S. Cybersecurity & Infrastructure Security Agency. https://www.cisa.gov

Clarke, R. A., & Knake, R. K. (2012). Cyber War: The Next Threat to National Security and What to Do About It. HarperCollins.

Conway, M. (2017). Determining the role of the Internet in violent extremism and terrorism: Six suggestions for progressing research. Studies in Conflict & Terrorism, 40(1), 77-98. https://doi.org/10.1080/1057610X.2016.1157408

Corporate Europe Observatory (2019). Captured states. When EU governments are a channel for corporate interests. https://corporateeurope.org/en/2019/02/captured-states

Couldry, N., & Mejias, U. A. (2019). The Costs of Connection: How Data Is Colonizing Human Life and Appropriating It for Capitalism. Stanford University Press

Council of the EU. (2020). EU sanctions against cyber-attacks. https://www.consilium.europa.eu

Council on Foreign Relations. (2020). *Significant Cyber Incidents.* https://www.cfr.org/cyber-operations

Cubeiro Cabello, E. N. R. (2022). El ciberespacio en la guerra de Ucrania (Documento de Opinión No. 32). Instituto Español de Estudios Estratégicos. https://policycommons.net/artifacts/2475856/documento-opinion/3497913/

Creemers, Rogier, China's Social Credit System: An Evolving Practice of Control (May 9, 2018). http://dx.doi.org/10.2139/ssrn.3175792

Center for Strategic and International Studies (2025). The Limits of Chip Export Controls in Meeting the China Challenge https://www.csis.org/analysis/limits-chip-export-controls-meeting-china-challenge#:~:text=The%20October%202022%20controls%20were,having%20a%20number%20of%20effects

Cybersecurity Ventures. (2022). *Cybercrime Report 2022-2025.* https://cybersecurityventures.com

Deibert, R. (2020). *Reset: Reclaiming the Internet for Civil Society.* House of Anansi.

Deibert, R. J., Rohozinski, R., & Crete-Nishihata, M. (2012). Cyclones in cyberspace: Information shaping and denial in the 2008 Russia-Georgia war. Security Dialogue, 43(1), 3-24. https://doi.org/10.1177/0967010611431079

Deibert, R., Palfrey, J., Rohozinski, R., & Zittrain, J. (2009). Access ControlledThe Shaping of Power, Rights, and Rule in Cyberspace. The MIT Press. https://library.oapen.org/viewer/web/viewer.html?file=/bitstream/handle/20.500.12657/26076/1004009.pdf?sequence=1&isAllowed=y

DeNardis, L. (2014). The Global War for Internet Governance. Yale University Press.

Derek, S. R. (2013). Cyberspace and national security: threats, opportunities, and power in a virtual world. Choice Reviews Online, 50(11), 50-6426-50-6426. https://doi.org/10.5860/choice.50-6426

Digital Robots. (2025). *El futuro de la ciberseguridad: IA, transformación y amenazas para el 2025.* https://www.digital-robots.com/noticias/el-futuro-de-la-ciberseguridad-ia-transformacion-y-amenazas-para-el-2025

DoD (U.S. Department of Defense). (2023). 2023 Cyber Strategy Summary. https://www.defense.gov

Dodds, K. (2014). *Geopolitics: A very short introduction* (2nd ed.). Oxford University Press.

Douzet, F. (2014). Understanding Cyberspace with Geopolitics. Hérodote, No 152-153(1), 3-21. https://shs.cairn.info/journal-herodote-2014-1-page-3?lang=en.

Dunn Cavelty, M. (2014). Cyber-Security and the Politics of Risk: The Rise of the Cybersecurity Industry. Routledge.

Ekmekçi, E. (2024). Cybersecurity and the Future of International Relations. Next Generation Journal for The Young Researchers, 8(1), 57. https://doi.org/10.62802/85tt3452

ENISA. (2022). *Cybersecurity Exercises and Simulations.* European Union Agency for Cybersecurity. https://www.enisa.europa.eu

ENISA. (2022). *Threat Landscape 2022.* European Union Agency for Cybersecurity. https://www.enisa.europa.eu/publications/enisa-threat-landscape-2022

Eriksson, J., & Giacomello, G. (2006). The Information Revolution, Security, and International Relations: (IR)relevant Theory? International Political Science Review, 27(3), 221-244. https://doi.org/10.1177/0192512106064462

Esteche, F. L., & Dagorret, G. (2021). Manual breve de geopolítica. Universidad Nacional de La Plata.

Eubanks, V. (2018). Automating Inequality: How High-Tech Tools Profile, Police, and Punish the Poor. St. Martin's Press.

European Commission. (2022). NIS2 Directive on measures for a high common level of cybersecurity across the Union. https://digital-strategy.ec.europa.eu

European Commission. (2020). The EU Toolbox for Cyber Diplomacy. Publications Office of the European Union. https://www.cyber-diplomacy-toolbox.com/

European Parliament. (2020). Digital sovereignty for Europe. Recuperado de https://www.europarl.europa.eu/RegData/etudes/BRIE/2020/651992/EPRS_BRI(2020)651992_EN.pdf

European Union Agency for Cybersecurity (ENISA). (s.f.). Recuperado de https://www.enisa.europa.eu/

Europol. (2024). Internet Organised Crime Threat Assessment (IOCTA) 2024. European Union Agency for Law Enforcement Cooperation. https://www.europol.europa.eu

EUvsDisinfo. (2019). *Disinformation Cases – Catalonia.* https://euvsdisinfo.eu

Farwell, J. P., & Rohozinski, R. (2011). Stuxnet and the Future of Cyber War. Survival, 53(1), 23-40. https://doi.org/10.1080/00396338.2011.555586

Finnemore, M., & Sikkink, K. (1998). International norm dynamics and political change. *International Organization, 52*(4), 887-9. https://www.jstor.org/stable/2601361

FireEye. (2020). APT41: Double Dragon. https://www.mandiant.com/resources/apt41-double-dragon

Fuster, G.G., Jasmontaite, L. (2020). Cybersecurity Regulation in the European Union: The Digital, the Critical and Fundamental Rights. In: Christen, M., Gordijn, B., Loi, M. (eds) The Ethics of Cybersecurity. The International Library of Ethics, Law and Technology, vol 21. Springer, Cham. https://doi.org/10.1007/978-3-030-29053-5_5

GAIA-X. (2023). Gaia-X: A Federated Secure Data Infrastructure. Recuperado de https://gaia-x.eu/

Gao, C., Guo, Q., Jiang, D. *et al.* Theoretical basis and technical methods of cyberspace geography. *J. Geogr. Sci.* **29**, 1949-1964 (2019). https://doi.org/10.1007/s11442-019-1698-7.

GCSC (Global Commission on the Stability of Cyberspace). (2019). Advancing Cyberstability: Final Report. https://cyberstability.org/report/

Gibson, W. (1984). Neuromancer. Ace Books.

Giles, K., & Seaboyer, A. (2022). Cyber Operations in the Russia-Ukraine War. NATO CCDCOE. https://ccdcoe.org

Giles, K. (2016). The Next Phase of Russian Information Warfare. NATO Defense College Research Division. https://www.ndc.nato.int

Giles, K. (2016). Russia's 'New' Tools for Confronting the West: Continuity and Innovation in Moscow's Exercise of Power. Chatham House. https://www.chathamhouse.org

Goldstein, J., & Pevehouse, J. (2022). International Relations. Pearson.

González-García, A., & Girao González, F. J. (2020). Prospective and defense capabilities against cyber-terrorism: The Spanish case. Relaciones Internacionales, (58), 241-260. https://doi.org/10.24215/23142766e097

Greenberg, A. (2018). Sandworm: A New Era of Cyberwar and the Hunt for the Kremlin's Most Dangerous Hackers. Doubleday.

Guitton, C. (2013). Cyber Insecurity as a National Threat: Overreaction from Germany, France and the UK? European Security. 22. https://doi.org/10.1080/09662839.2012.749864

Gurumurthy, A., & Chami, N. (2019). Development Justice in the Digital Paradigm: Agenda 2030 and Beyond. Development 62, 19-28 (2019). https://doi.org/10.1057/s41301-019-00203-6

Gurumurthy, A., & Chami, N. (2016). Digital Justice: Technology, Social Inequality and Human Rights. IT for Change Working Paper.

Hansen, L., & Nissenbaum, H. (2009). Digital Disaster, Cyber Security, and the Copenhagen School. International Studies Quarterly, 53(4), 1155-1175. https://doi.org/10.1111/j.1468-2478.2009.00572.x

Harari, Y. N. (2024). *Nexus.* Debate.

Hernández Sampieri, R., Fernández Collado, C., & Baptista Lucio, P. (2014). Metodología de la investigación (6ª ed.). McGraw-Hill Education.

Intelligence and Security Committee (ISC). (2020). Russia Report. UK Parliament. https://hansard.parliament.uk/commons/2020-07-22/debates/8FB95D9A-A489-4F3C-8840-017A7A00949A/IntelligenceAndSecurityCommitteeRussiaReport

Imširović, M. (2019). Classical geopolitics: A new analytical model by Phil Kelly. Pannoniana.

Inkster, N. (2016). China's Cyber Power. Routledge.

Jarvis, L., Macdonald, S., & Whiting, A. (2014). Terrorism online: Politics, law and technology. Routledge.

Isaak, J., & Hanna, M. J. (2018). User data privacy: Facebook, Cambridge Analytica, and privacy protection. Computer, 51(8), 56-59. https://doi.org/10.1109/MC.2018.3191268

James, A. G. (2015). Cyber Warfare. https://doi.org/10.4324/9781315761565

Kalathil, S., & Boas, T. C. (2003). Open Networks, Closed Regimes: The Impact of the Internet on Authoritarian Rule. Carnegie Endowment for International Peace. https://carnegieendowment.org/research/2003/01/open-networks-closed-regimes-the-impact-of-the-internet-on-authoritarian-rule?lang=en

Kaspersky (2017). Ransomware WannaCry: All you need to know. https://www.kaspersky.com/resource-center/threats/ransomware-wannacry

Kaspersky Lab. (2012). The Flame: Questions and Answers. https://securelist.com/the-flame-questions-and-answers/34344

Kello, L. (2017). The Virtual Weapon and International Order. Yale University Press.

Keohane, R. O. (2005). *After Hegemony: Cooperation and Discord in the World Political Economy.* Princeton University Press.

Kitchin, R. (2014). The Data Revolution: Big Data, Open Data, Data Infrastructures and Their Consequences. SAGE Publications. https://doi.org/10.4135/9781473909472

Kittichaisaree, K. (2017). Regulation of Cyberspace and Human Rights. In: Public International Law of Cyberspace. Law, Governance and Technology Series, vol 32. Springer, Cham. https://doi.org/10.1007/978-3-319-54657-5_3

Klimburg, A. (2022). The Rise of the Cyber Volunteers: Ukraine and the New Age of Digital Resistance. European Cyber Conflict Research Initiative.

Knight First Amendment Institute at Columbia University (2025). Anu Bradford. After the Fall of the American Digital Empire. https://knightcolumbia.org/content/after-the-fall-of-the-american-digital-empire#:~:text=What%20this%20narrative%20gets%20right,the%20free%20market%20and%20free

Kott, A., Buchler, N., Schaefer, K.E. (2014). Kinetic and Cyber. In: Kott, A., Wang, C., Erbacher, R. (eds) Cyber Defense and Situational Awareness. Advances in Information Security, vol 62. Springer, Cham. https://doi.org/10.1007/978-3-319-11391-3_3

Kostka, G. (2019). China's social credit systems and public opinion: Explaining high levels of approval. New Media & Society, 21(7), 1565-1593. https://doi.org/10.1177/1461444819826402

Kostyuk, N., & Zhukov, Y. M. (2019). Invisible digital front: Can cyber attacks shape battlefield events? Journal of Conflict Resolution, 63(2), 317-347. https://doi.org/10.1177/0022002717737138

Langner, R. (2011). Stuxnet: Dissecting a cyberwarfare weapon. IEEE Security & Privacy, 9(3), 49-51. https://doi.org/10.1109/MSP.2011.67

Lee, R. M., Assante, M. J., & Conway, T. (2016). Analysis of the Cyber Attack on the Ukrainian Power Grid. SANS ICS Report. https://ics.sans.org

Lewis, J. A. (2019). Cybersecurity and Critical Infrastructure Protection. Center for Strategic and International Studies (CSIS). https://csis.org

Libicki, M. C. (2007). Conquest in Cyberspace: National Security and Information Warfare. Cambridge University Press.

Lindsay, J. R. (2013). Stuxnet and the limits of cyber warfare. *Security Studies*, 22(3), 365-404. https://doi.org/10.1080/09636412.2013.816122

Liska, A., & Goodwin, T. (2021). Ransomware: Understand. Prevent. Recover. O'Reilly Media.

Mackinder, H. J. (1919). Democratic Ideals and Reality: A Study in the Politics of Reconstruction. Henry Holt and Company.

McAfee (2024). 26 Billion Records Released in "The mother of all breaches" https://www.mcafee.com/blogs/internet-security/26-billion-records-released-the-mother-of-all-breaches/

Mahan, A. T. (1890). The Influence of Sea Power upon History, 1660-1783. Little, Brown and Company.

Maurer, T. (2018). Cyber Mercenaries: The State, Hackers, and Power. Cambridge University Press. https://doi.org/10.1017/9781316422724

Mayer-Schönberger, V., & Cukier, K. (2013). Big Data: A Revolution That Will Transform How We Live, Work, and Think. Houghton Mifflin Harcourt.

METI. (2020). Cybersecurity Strategy 2020. Ministry of Economy, Trade and Industry, Japan. https://www.meti.go.jp

Mhalla, M. (2022). Stabilizer inactivation for message-passing decoding of quantum LDPC codes. 2022 IEEE Information Theory Workshop (ITW), 488-493.

DOI: 10.1109/ITW54836.2022.9856511

Microsoft. (2022). *Defending Ukraine: Early Lessons from the Cyber War.* Microsoft Digital Security Unit. https://blogs.microsoft.com

Microsoft. (2017). *Digital Geneva Convention Proposal.* https://www.microsoft.com

Ministère des Armées. (2020). Panorama de la cyberdéfense en France. République Française. https://www.defense.gouv.fr

Mitchell, G. E., & Pytlak, A. (2020). Correlates of state-sponsored cyber conflict. In Routledge Handbook of International Cybersecurity (pp. 22-35). Routledge. https://doi.org/10.4324/9781351038904-4

Morozov, E. (2011). The Net Delusion: The Dark Side of Internet Freedom. PublicAffairs

Mosca, M. (2018). Cybersecurity in an era with quantum computers: Will we be ready? IEEE Security & Privacy, 16(5), 38-41. https://doi.org/10.1109/MSP.2018.3761723

Mueller, R. (2019). Report on the Investigation into Russian Interference in the 2016 Presidential Election. U.S. Department of Justice. https://digitalcommons.unl.edu/usjusticematls/47/

Mueller, M. (2019). *Networks and States: The Global Politics of Internet Governance.* MIT Press.

Mueller, M. (2017). Will the Internet Fragment? Sovereignty, Globalization and Cyberspace. Polity.

Murray, W., & Mansoor, P. R. (2012). *Hybrid Warfare: Fighting Complex Opponents from the Ancient World to the Present.* Cambridge University Press.

Nakasone, P. M. (2019). A Cyber Force for Persistent Operations. Joint Force Quarterly, 92, 10-14. https://cs.brown.edu/courses/csci1800/sources/2019_01_22_JFQ_CyberRoleForPersistentOperations_Nakasone.pdf

NATO CCDCOE. (2020). Cooperative Cyber Defence Centre of Excellence Annual Report. Tallin: NATO. https://ccdcoe.org

Neumann, P. R. (2013). The trouble with radicalization. International Affairs, 89(4), 873-893. https://doi.org/10.1111/1468-2346.12049

NIST. (2018). Framework for Improving Critical Infrastructure Cybersecurity Version 1.1. National Institute of Standards and Technology. https://www.nist.gov

Noble, S. U. (2018). Algorithms of Oppression: How Search Engines Reinforce Racism. New York University Press.Nye, J. S. (2021). The Future of Power. PublicAffairs.

Nye, Jr., Joseph S. The End of Cyber-Anarchy? (2022): How to Build a New Digital Order Digital Disorder. Foreign Affairs 101.1 (January/February): 32-43.

Nye J.S. (2021): Soft power: the evolution of a concept, Journal of Political Power, https://doi.org/10.1080/2158379X.2021.1879572

Nye, J. S. (2017). Deterrence and Dissuasion in Cyberspace. International Security, 41(3), 44-71. https://doi.org/10.1162/ISEC_a_00266

OECD (2020), Tax Challenges Arising from Digitalisation – Economic Impact Assessment: Inclusive Framework on BEPS, OECD/G20 Base Erosion and Profit Shifting Project, OECD Publishing, Paris, https://doi.org/10.1787/0e3cc2d4-en.

OECD. (2021). *Digital Security Risk Management for Economic and Social Prosperity*. Organisation for Economic Co-operation and Development. https://www.oecd.org/en/topics/sub-issues/digital-security-risk-management.html

OECD. (2021). *Digital Security Governance: Guidance for Decision Makers.* Organisation for Economic Co-operation and Development. https://mneguidelines.oecd.org/mneguidelines/

Ofili, B. T., Ezeadi, S. C., & Jegede, T. B. (2024). Securing US national interests with cloud innovation: Data sovereignty, threat intelligence and digital warfare preparedness. International Journal of Scientific Research Archive. https://www.researchgate.net/publication/389652272

OSCE. (2016). Confidence-Building Measures to Reduce the Risks of Conflict Stemming from the Use of Information and Communication Technologies. Organization for Security and Co-operation in Europe. https://www.osce.org

Ottis, R. (2008). Analysis of the 2007 cyber attacks against Estonia from the information warfare perspective. In Proceedings of the 7th European Conference on Information Warfare and Security (pp. 163-168).

Paris Call for Trust and Security in Cyberspace. (2018). French Ministry for Europe and Foreign Affairs. https://www.diplomatie.gouv.fr

Potter, E. (2002). Cyber-diplomacy: Managing Foreign Policy in the Twenty-First Century. McGill International Review.

Powers, S., & Jablonski, M. (2015). The Real Cyber War: The Political Economy of Internet Freedom. University of Illinois Press.

Prado, B. (2018). Geopolítica del ciberespacio. Hacia el heartland cibernético. Revista Geosig, 10. https://www.academia.edu/36445500/GEOPOL%C3%8DTICA_DEL_CIBERESPACIO_HACIA_EL_HEARTLAND_CIBERN%C3%89TICO

Ramadhan, I. (2021). The implication of cyberspace towards state geopolitics. Politicon, 3. DOI: https://doi.org/10.15575/politicon.v3i2.12660

Ratzel, F. (1897). Politische Geographie. Múnich: Oldenbourg.

Reeder, J., & Hall, J. (2021). Lessons Learned from the Colonial Pipeline Ransomware Attack. The Cyber Defense Review, 6(3), 5-16. https://

cyberdefensereview.army.mil/Portals/6/Documents/2021_summer_cdr/02_ReederHall_CDR_V6N3_2021.pdf?ver=6qlw1l02DXt1A_1n5KrL4g%3D%3D

Renz, B. (2016). Russia and "hybrid warfare". Contemporary Politics, 22(3), 283-300. https://doi.org/10.1080/13569775.2016.1201316

Reuters (2025a) https://www.reuters.com/breakingviews/us-china-decoupling-is-crossing-rubicon-2025-04-16/#:~:text=The%20separation%20is%20picking%20up,pulling%20money%20from%20American%20projects

Reuters (2025b) https://www.reuters.com/world/us/senators-urge-trump-seek-authority-congress-tiktok-sale-extension-2025-03-24/#:~:text=President%20Donald%20Trump%20in%20January,app%20in%20the%20United%20States

Reuters (2025c) https://www.reuters.com/technology/chinese-entities-turn-amazon-cloud-its-rivals-access-high-end-us-chips-ai-2024-08-23/#:~:text=AWS%20controls%20nearly%20a%20third,according%20to%20research%20firm%20IDC

Rid, T. (2020). Active Measures: The Secret History of Disinformation and Political Warfare. Farrar, Straus and Giroux.

Rid, T., & Buchanan, B. (2015). Attributing cyber attacks. *Journal of Strategic Studies*, 38(1-2), 4-37. https://doi.org/10.1080/01402390.2014.977382

Riordan, S. (2018). The Geopolitics of Cyberspace: a Diplomatic Perspective. Brill Research Perspectives in Diplomacy and Foreign Policy, 3(3), 1-84. https://doi.org/10.1163/24056006-12340011

Roberts, H., Cowls, J., Casolari, F., Morley, J., Taddeo, M., & Floridi, L. (2021). Safeguarding European values with digital sovereignty: an analysis of statements and policies. Internet Policy Review, 10(3). https://doi.org/10.14763/2021.3.1575

Robine, J. and Salamatian, K. (2014). Envisioning Cyber-geography. Hérodote, No 152-153(1), 123-139. https://shs.cairn.info/journal-herodote-2014-1-page-123?lang=en

Rose, S., Borchert, O., Mitchell, S., & Connelly, S. (2020). Zero Trust Architecture (NIST SP 800-207). National Institute of Standards and Technology. https://doi.org/10.6028/NIST.SP.800-207

Schwartz, P. (1991). The Art of the Long View: Planning for the Future in an Uncertain World. Doubleday.

Segura-Serrano, A. (2017). Ciberseguridad y Derecho internacional. Revista Española de Derecho Internacional, 69(2), 291-299. https://doi.org/10.17103/redi.69.2.2017.2.02

Sheldon, J. B. (2014). The rise of cyberpower. En J. B. Sheldon & L. Gray (Eds.), Cyberpower and National Security (pp. 3-24). Potomac Books.

Singer, P. W., & Friedman, A. (2014). Cybersecurity and Cyberwar: What Everyone Needs to Know. Oxford University Press.

Sistema Económico Latinoamericano y del Caribe (SELA) (2024). Manual de Ciberdiplomacia para la Convergencia Regional. https://sela.org/wp-content/uploads/2024/08/manual-ciberdiplomacia-para-la-convergencia-regional.pdf

Schmitt, M. N. (Ed.). (2017). Tallinn Manual 2.0 on the International Law Applicable to Cyber Operations. Cambridge University Press.

Smith, H. (2023). The geopolitics of cyberspace and the European Union's changing identity. *Journal of European Integration, 45*(8), 1219-1234. https://doi.org/10.1080/07036337.2023.2277329

Smith, B. (2017). The need for a Digital Geneva Convention. Microsoft on the Issues. https://blogs.microsoft.com/on-the-issues/2017/02/14/need-digital-geneva-convention/

Stafiniak, M., & Wodo, W. (2022). State-sponsored Cybersecurity Attacks. 2022 63rd International Scientific Conference on Information Technology and Management Science of Riga Technical University (ITMS), 1-6. https://doi.org/10.1109/itms56974.2022.9937131

Starbird, K., DiResta, R., & DeButts, M. (2023). Influence and improvisation: Participatory disinformation during the 2020 US election. Social Media + Society, 9(2), 1-17. https://doi.org/10.1177/20563051231177943

Strange, S. (1996). *The Retreat of the State: The Diffusion of Power in the World Economy.* Cambridge University Press.

Strozzi, F., Colicchia, C., Creazza, A., & Noè, C. (2021). Cybersecurity risk management in critical infrastructure supply chains. Technological Forecasting and Social Change, 166, 120647. https://doi.org/10.1016/j.techfore.2021.120647

Taddeo, M. (2021). The Limits of Deterrence Theory in Cyberspace https://doi.org/10.1007/s13347-017-0290-2

Taddeo, M., & Floridi, L. (2018). How AI can be a force for good. Science, 361(6404), 751-752. https://doi.org/10.1126/science.aat5991

Techtarget. (2023). SolarWinds hack explained: Everything you need to know. https://www.techtarget.com/whatis/feature/SolarWinds-hack-explained-Everything-you-need-to-know

Thomas, T. (2020). Russia's Reflexive Control Theory and the Military. Journal of Slavic Military Studies, 33(1), 1-22. https://doi.org/10.1080/13518040490450529

Tran, Chi (2021). The SolarWinds Attack and Its Lessons https://www.e-ir.info/2021/06/17/the-solarwinds-attack-and-its-lessons/

Triolo, P. (2025). Restrictions on trade with China harm U.S. leadership in technology. Institute for America, China, and the Future of Global Affairs. Johns Hopkins. Retrieved from https://acf.sais.jhu.edu/restricted/restrictions-on-trade-with-china-harm-u-s-leadership-in-technology

Tsagourias, N., & Farrell, M. (2020). Cyber Attribution: Technical and Legal Approaches and Challenges. Journal of Conflict and Security Law, 25(1), 1-30. https://doi.org/10.1093/ejil/chaa057

Tufekci, Z. (2018). Twitter and Tear Gas: The Power and Fragility of Networked Protest. Yale University Press.

Tushir,B.; Sehgal, H.; Nair, R.; Dezfouli, B. & Liu, Y. (2021). The Impact of DoS Attacks onResource-constrained IoT Devices:A Study on the Mirai Attack. arXiv. https://doi.org/10.48550/arXiv.2104.09041

UNHRC. (2021). Promotion and protection of human rights in the context of digital technologies. United Nations Human Rights Council. https://digitallibrary.un.org/record/4032837/files/A_RES_78_213-EN.pdf

UNHRC. (2021). *The right to privacy in the digital age.* Human Rights Council, United Nations. https://www.ohchr.org/en/calls-for-input/2021/right-privacy-digital-age-report-2021#:~:text=It%20stresses%20the%20urgent%20need,rights%20law%20to%20be%20banned.

United Nations. (2021). *Report of the Group of Governmental Experts on Advancing Responsible State Behavior in Cyberspace in the Context of International Security.* A/76/135.

UN OEWG. (2021). Final Report of the Open-Ended Working Group on Developments in the Field of Information and Telecommunications in the Context of International Security. United Nations. https://documents.un.org

UN GGE & OEWG. (2021). *Reports on responsible behavior in cyberspace.* United Nations Office for Disarmament Affairs. https://documents.un.org

UN GGE. (2015). Group of Governmental Experts on Developments in the Field of Information and Telecommunications in the Context of International Security. United Nations. https://www.un.org/disarmament/ict-security/

U.S. Senate Select Committee on Intelligence. (2019). Russian Active Measures Campaigns and Interference in the 2016 U.S. Election, Volume 2: Russia's Use of Social Media. United States Government Printing Office.

Valeriano, B., & Maness, R. C. (2015). Cyber War versus Cyber Realities: Cyber Conflict in the International System. Oxford University Press.

Valeriano, B., & Maness, R. C. (2014). The dynamics of cyber conflict between rival antagonists, 2001-11. Journal of Peace Research, 51(3), 347-360. https://doi.org/10.1177/0022343313518940

Van Dijck, J., Poell, T., & de Waal, M. (2020). The Platform Society: Public Values in a Connective World. Oxford University Press.

Vila Seoane, J., & Saguier, M. (2019). Argentina and the spatial politics of extractive infrastructures under China's Belt and Road Initiative. DOI https://doi.org/10.2307/j.ctv2x00vzq.17

Wall, D. S. (2007). Cybercrime: The transformation of crime in the information age. Cambridge: Polity.

Wardle, C., & Derakhshan, H. (2017). *Information Disorder: Toward an interdisciplinary framework.* Council of Europe. https://edoc.coe.int/en/media/7495-information-disorder-toward-an-interdisciplinary-framework-for-research-and-policy-making.html

Weimann, G. (2015). Terrorism in Cyberspace: The Next Generation. Columbia University Press

Winter, C. (2015). *Documenting the Virtual "Caliphate".* Quilliam Foundation.

World Economic Forum. (2022). Global Cybersecurity Outlook 2022. Recuperado de https://www.weforum.org/reports/global-cybersecurity-outlook-2022/

Zetter, K. (2014). Countdown to Zero Day: Stuxnet and the Launch of the World's First Digital Weapon. Crown.

Zuboff, S. (2019). The Age of Surveillance Capitalism. PublicAffairs.

Especial agradecimiento por el apoyo en la presente obra a la empresa

MiB!ZPARTNERS